AF648563

Eingetaucht:

DAS TIERWOHL-PARADOX

WIE SPIELT DIE TIERMEDIZIN DER MASSENTIERHALTUNG IN DIE HÄNDE?

Dr. Karim Montasser

Das Tierwohl-Paradox

MIX
Papier | Fördert gute Waldnutzung
FSC® C109273

Druckprodukt mit finanziellem Klimabeitrag
ClimatePartner.com/20273-2404-1010

1. Auflage

Weyerstraße 88-90
50676 Köln

Text: Dr. Karim Montasser
Layout und Design: BUCH & DESIGN Vanessa Weuffel
Satz und Grafiken: Joachim Buhman
Foto Autorensticker: Mathias Mettenbörger / GATZKE.MEDIA GmbH
Projektleitung: Mareike Neukam
Illustrationen auf Seite 26: stock.adobe.com, sfischka (Wildschwein) und Paolo (Hausschwein)

Gesetzt aus der Bliss Pro von Jeremy Tankard Typography Ltd. und
der Fedra Serif A Pro von Peter Bil'ak.

Community EDITIONS

Gesamtherstellung: Community Editions GmbH

ISBN 978-3-96096-454-4

Druck: Druk Intro, ul. Świętokrzyska 32, 88-100 Inowrocław, Polen
Printed in Poland

www.community-editions.de

EINGETAUCHT:

DAS TIERWOHL PARADOX

WIE SPIELT DIE TIERMEDIZIN DER MASSENTIERHALTUNG IN DIE HÄNDE?

VON

DR. KARIM MONTASSER

INHALT

EINLEITUNG UND EIN GROSSES MISSVERSTÄNDNIS

Ich mochte Tiere schon immer. Und damit bin ich in großer Gesellschaft. Eine deutliche Mehrheit bezeichnet sich in Deutschland als tierlieb. Wir möchten also, dass es Tieren gut geht. Und damit sind nicht nur Katzen und Hunde gemeint, sondern auch die sogenannten »Nutztiere« – also die Tiere, die unter anderem auf unserem Teller landen. Schnitzel ja, aber vorher bitte ein schönes Leben.

Es ist kein großes Geheimnis, dass ein gutes Leben für Nutztiere unmöglich ist. Dabei gibt es immer wieder Aktionen und Bestrebungen, das zu verändern, von denen die Initiative Tierwohl nur das jüngste Beispiel ist. Politik, Landwirtschaft und Konsumentinnen und Konsumenten wollen also mehr **Tierwohl,** dennoch gibt es keine echten Fortschritte. Die Frage ist nur, warum?

Und hier kommt mein Beruf ins Spiel: Ich mag Tiere nicht nur gerne, ich möchte ihnen auch aktiv helfen. Da lag es nahe, Tierarzt zu werden. Sie können sich meine Überraschung vorstellen, als ich während meines Studiums feststellte, wie es eigentlich zur modernen Massentierhaltung kam und wie die Tiermedizin dieses System unterstützt.

Dabei ist das öffentliche Bild der Tiermedizin makellos. Wenn Sie sich einen Tierarzt oder eine Tierärztin vorstellen, welches Bild haben Sie vor Augen?

Vermutlich ist es entweder eine Kleintierärztin, die grade einen Hund impft, oder ein Großtierarzt, der armtief in einem Rind hängt. Vielleicht haben Sie auch Bilder aus dem Fernsehen im Kopf, etwa James Herriot in *Der Doktor und das liebe Vieh*.

Für alle, die in den 1980ern noch kein Fernsehen geschaut haben: Ein junger Tierarzt steigt in einer Landtierarztpraxis im beschaulichen Yorkshire ein, setzt sich für Tiere ein, erlebt skurrile Geschichten und heiratet die Bauerstochter Helen.

Friede, Freude, Tiermedizin.

Etwas Aktuelleres soll es sein? *Tierärztin Dr. Mertens* zum Beispiel, eine überaus erfolgreiche Sendung, die in der ARD läuft.

Auch hier ist die Tiermedizin, diesmal im Zoo Leipzig, der wohlig-weiche Hintergrund für allerlei zwischenmenschliche Verstrickungen und sorgt für quotenstarkes Wohlfühlfernsehen.

Die Tiermedizin ist gut. Nicht nur stellen sich viele vor, dass Tierärztinnen wie Dr. Mertens jedes Tier verarzten können – weswegen *Der Doktor und das liebe Vieh* im Original auch *All creatures great and small* heißt – wir gelten auch als gütig: Uns wird unterstellt, dass wir immer aus reiner Tierliebe handeln.

Das ist nicht nur die öffentliche Wahrnehmung, sondern auch, was die meisten von uns über die eigene Arbeit denken. Wir haben einen anspruchsvollen Arbeitsalltag, setzen uns aber jeden Tag für Tierwohl ein. Direkt zu Beginn offenbare ich meine eigene Naivität. Auch ich dachte zu Beginn meines Studiums, dass ich jetzt elf Semester lernen würde, wie ich Tiere heilen kann.

Die ersten Semester verbrachte ich mit den langweiligen Grundlagen wie Physik, Chemie, Anatomie und Physiologie. Nun gut, damit war zu rechnen. Völlig überrascht war ich dann aber von Fächern wie Milchkunde, Fleischhygiene oder vom Wurstkurs. Kein Scherz, diesen Kurs muss man belegen. Wir kommen darauf später noch mal zurück, vorerst können Sie sich meine Verblüffung vorstellen, als ich mitten im Studium feststellte, dass etwa ein Drittel aller Veranstaltungen der elf Semester Tiermedizin nicht Tierwohl im Fokus hatte, sondern die Sicherheit tierischer Lebensmittel.

Milch, Käse und Mettwurst statt Dackellähme, Labmagendrehung und Hufrehe.

Wenn wir verstehen, wie es dazu kommen konnte, dass die Menschen, die wir als Gesellschaft zum Wohl der Tiere ausbilden, lediglich Teil der Massentierhaltungsindustrie sind, dann können wir auch erkennen, wie wir mit dem Begriff Tierwohl getäuscht werden. Und wie es passieren konnte, dass der zweitgrößte Schlachthof Deutschlands, Westfleisch, mit einer Tierwohl-Kampagne wirbt, obwohl diese Einrichtung der Inbegriff von Tierleid ist.

Also, auf geht's, machen wir uns daran, den gedanklichen Knoten in seine Einzelteile zu zerlegen und aufzulösen. Ich bin ein großer Fan chronologischer Struktur, also fangen wir doch am Anfang an.

SPEZIESISMUS NEU BETRACHTET

Das heutige Tierwohl-Paradox können wir nur verstehen, wenn wir ganz an den Anfang unseres Zusammenlebens mit Tieren gehen. Tiere so anzupassen, dass sie unseren menschlichen Bedürfnissen gerecht werden, begann vor vielen tausend Jahren. Im Sinne der Chronologie müssen wir einen wirklich riesigen Sprung wagen. Da hilft es, Anlauf zu nehmen, und dafür machen wir einen kleinen Zwischenstopp in die 1960er-Jahre. Hier hat ein britischer Psychologe einen der wichtigsten Begriffe im Tierschutz erfunden. Und zwar als Folge auf einen Protest gegen die Jagd auf Otter.

Ja, genau, die im Wasser lebenden Marder.

Diese Jagd ist extrem unfair gestaltet, und das selbst im Vergleich mit anderen, per se unfairen, Jagden. Eigentlich haben Menschen kaum eine Chance, einen Otter zu fangen. Die Tiere sind im Wasser viel zu schnell und wendig.

Wir Menschen haben aber seit dem Mittelalter ein großes Interesse am Pelz der Otter. Also haben wir uns Hilfe gezüchtet. Hilfe in Form eines anderen Tieres, dem Otterhound. Ein großer, felliger Hund mit Schlappohren und einem freundlichen Ausdruck. Der Job dieser Hunderasse ist es, ins Wasser zu gehen und einen Otter an das Ufer zu drängen. Der Otterhound ist groß, um auch tieferes Wasser durchwaten zu können, fellig, weil er dichte, wasserabweisende Locken hat, nur die Schlappohren und der freundliche Ausdruck dienen nicht direkt der Otterjagd. Bei der Jagd treten mehrere Otterhounds im Rudel gegen einen Marder an.

Am Ufer wartet dann jemand mit einem Dreizack (so eine Art überdimensionierte Fonduegabel) und spießt den Otter auf. Das ist überaus praktisch, da sich so kein Mensch die Füße nass machen muss.

Wie gesagt, die Otterjagd ist besonders unfair. Es ist also verständlich, dass Richard Ryder, der besagte Psychologe aus Oxford, gegen dieses »Brauchtum« protestierte: Er schickte Leserbriefe an die örtliche Zeitung. Wir sprechen also von einer kleinen, lokalen Protestaktion. Als er merkte, dass die Auswirkungen seiner postalischen Beschwerden begrenzt waren, suchte er nach einem neuen Weg für seinen Protest. Dies wiederum half einem anderen Herrn, weltberühmt zu werden.

Ryder druckte einige Tierschutz-Flugblätter und verteilte sie in Oxford. Auf diesen Flugblättern tauchte zum ersten Mal der Begriff **Speziesismus** auf. Der Psychologe beschrieb mit diesem Begriff die Überheblichkeit von uns Menschen gegenüber anderen Spezies. Konkret kritisierte er, dass wir bei Jagden und in Tierversuchen unser Wohl über das von »nicht-menschlichen Tieren« stellen. Speziesismus tauchte schließlich 1971 auch als Begriff in einem Essay von Ryder mit dem Titel *Experiments on Animals* [1] auf.

Ryder hatte darin die von ihm durchgeführten Tierversuche in seiner klinischen Forschungszeit damit begründet, dass die Versuchstiere dem Menschen nun mal sehr ähnlich seien. Ergebnisse lassen sich folglich wunderbar übertragen.

Wenn uns Tiere aber so ähnlich sind, warum sind dann Experimente an ihnen in Ordnung und an uns Menschen nicht?

Eine simple Logik, die Ryder dazu veranlasste, keine Tierversuche mehr durchzuführen und schließlich den Begriff Speziesismus einzuführen.

Der Grund, dass Sie von Ryder noch nie gehört haben, heißt Peter Singer. Der bekannte Philosoph und Tierrechtler erfuhr von Ryders Wortneuschöpfung, als er das Essay für eine New Yorker Publikation rezensierte. Diese Rezension kam so gut an, dass Singer damit beauftragt wurde, zu dem Thema ein Buch aus philosophischer Sicht zu schreiben. Dieses Buch erschien 1975, heißt *Animal Liberation* [2] und ist bis heute ein Klassiker der Tierrechtsbewegung.

Übrigens fand Singer den Begriff Speziesismus unhandlich. Wir können daher froh über die deutsche Übersetzung sein: Artenarroganz. Dieser Begriff trifft den Punkt auch meiner Meinung nach besser als der Fachbegriff, denn damit wird der Grund für die Herabwürdigung anderer Arten direkt klar.

Der Begriff Speziesismus wurde im Laufe der Jahrzehnte bearbeitet und erweitert und steht heute weniger für die Bevorzugung von Menschen gegenüber Tieren als für die Bevorzugung einiger weniger Tierarten gegenüber anderen. Wie bei der Otterjagd, bei der die Otter Beute und die Otterhounds Mitjäger sind. Besonders gravierend kommt die Unterscheidung zwischen Tieren im Zusammenhang mit unseren Essgewohnheiten zum Tragen.

Manche Tiere gelten als Nahrungsmittel und andere als Freunde.
Schwein? Nahrung.
Hund? Freund.
Rind? Nahrung, und Milch auch lecker.
Katze? Schwierige Freundschaft.

Für das Thema dieses Buches ist die Artenarroganz sehr wichtig. Viele der Missstände gegenüber Tieren lassen sich darauf zurückführen, dass wir Menschen uns für wichtiger halten als so ziemlich alles andere auf diesem Planeten.

Ich vermute, dass Sie diesen Umstand genauso unbefriedigend finden wie ich. Denn wenn wir es bei »Tja, wir Menschen sind halt arrogant« belassen, haben wir uns ausreichend beschwert, dass es einen nicht zu ändernden Zustand gibt, und, naja, dann machen wir jetzt einen Punkt, und ich danke für die Aufmerksamkeit und wünsche Ihnen noch einen angenehmen Netflix-Abend.

Spoiler: Die restlichen Seiten sind nicht leer, es kommt also noch was. Und zwar die Begründung für diese Arroganz und ein Ausblick, wie wir die Lage ändern können.

Domestizierte Freunde

Jetzt haben wir den Begriff Speziesismus eingeordnet und uns damit Schwung für unsere Zeitreise geholt. Tiernutzung beginnt mit der **Domestizierung.** Es folgt der Versuch, viele tausend Jahre Kulturgeschichte auf die für unser Thema wichtigsten Punkte herunterzubrechen.

Domestizierung beschreibt den Übergang von Wildformen zu Hausformen. Wir Menschen nehmen ein wildes Tier oder eine wilde Pflanze und formen über viele Generationen daraus eine für uns nützliche Hausform. Dieser Prozess ist für manche Tiere gut ausgegangen, für andere weniger.

Das bekannteste Beispiel für eine Domestizierung ist sicherlich der Weg des Wolfes hin zum Hund. Während ich dieses Kapitel schreibe, schaue ich über den Rhein hinweg nach Bonn-Oberkassel. Hier wurde in einem Steinbruch ein etwa 14.000 Jahre altes menschliches Grab gefunden.[3] Neben menschlichen Überresten liegt in diesem Grab ein Hundeskelett. Das ist erst mal nicht außergewöhnlich für diese Zeit, denn die Domestizierung des Wolfes erfolgte schließlich in einem Zeitraum vor 40.000 bis 15.000 Jahren. Die Oberkasseler Grabstätte ist für unsere Menschheitsgeschichte deshalb besonders, weil der Hund für mindestens sechs Wochen vor seinem Tod an Staupe litt.

Diese Viruserkrankung ist auch heute noch extrem tödlich, kein Hund überlebt sechs Wochen ohne Hilfe. Die Vermutung ist daher, dass der begrabene Hund von Menschen versorgt und am Leben gehalten wurde. Das lässt auf eine enge Bindung schließen. Wie konnte der Wolf also zum Hund und schließlich zum besten Freund des Menschen werden?

Die zwei dominanten Thesen sind die des »kommensalen Aasfressers« und die »Haustier-Hypothese«.[4]

Mit kommensalen Aasfressern ist gemeint, dass wilde Wölfe sich selbst domestiziert haben. Kommensalen beschreiben Lebewesen, die bei anderen mitessen. Die ersten menschlichen Siedlungen lockten nämlich Wölfe an, die sich von Essensresten der Menschen ernährten. Nur die Wölfe mit wenig Angst vor Menschen trauten sich in die Siedlungen, damit fand also eine automatische Selektion auf »menschenfreundliche« Wölfe statt. Diese Wölfe mussten weniger selbst jagen, hatten also einen Vorteil gegenüber ihren menschenskeptischen Verwandten. Die Menschen tolerierten die Wölfe vermutlich, weil sie ein hervorragender Schutz vor anderen großen Jägern, etwa Säbelzahntigern, waren. Wölfe in Siedlungen warnten die Menschen durch Bellen vor Gefahren und waren daher gern gesehene Gäste.

Die Haustier-Hypothese schlägt einen völlig anderen Mechanismus der Domestizierung vor: Laut dieser Theorie fingen frühe Menschen Wolfswelpen und adoptierten sie. Auch hier wurden menschenfreundliche Wölfe bevorzugt, und über Generationen hinweg entstand eine besondere Wolfsform. Ein Wolf, der in seinem Jugendzustand verharrt, menschenfreundlich bleibt, sein Leben lang spielt und nie scheu wird. Unser moderner Hund.

Beide Hypothesen klingen erstmal plausibel, können aber eine wichtige Frage nicht beantworten. Warum der Wolf?

Aus heutiger Sicht ist der Wolf ein bedrohliches Tier und löst in vielen Menschen eine tief sitzende, wenn auch irrationale, Angst aus. Warum wurde also ausgerechnet der Wolf als allererstes Tier überhaupt domestiziert? Erst Jahrtausende später folgte die Domestizierung unserer heutigen Nutztiere (dazu kommen wir gleich).

Der aktuelle Wissensstand macht die Theorie des kommensalen Aasfressers wenig plausibel. Wir erinnern uns: Die Domestizierung des Wolfes liegt zwischen 15.000 und 40.000 Jahre zurück, das sagen uns genetische Untersuchungen. In dieser Zeit waren Menschen in kleinen nomadischen Gruppen organisiert und hatten kaum feste Siedlungen. Außerdem fielen in den wenigen temporären Siedlungen kaum Essensabfälle an, von denen sich Wölfe hätten ernähren können.

Wenn man genauer hinschaut, stellt man fest, dass diese Hypothese auf Konrad Lorenz' Buch *So kam der Mensch auf den Hund*[5] von 1955 zurückgeht. Vor dem damaligen Wissensstand durchaus plausibel, erscheint die Theorie mit heutigem Wissen unwahrscheinlich.

Bleibt die Haustier-Hypothese und die Frage, warum sich Menschen ausgerechnet »große, böse« Wölfe ausgesucht haben, um sie in den besten Freund des Menschen zu verwandeln.

Eine aktuelle Vermutung legt nahe, dass Wölfe zur Zeit der Domestizierung nicht so scheu gegenüber Menschen waren wie heute. Erst in den letzten Jahrtausenden hat der Wolf immer wieder vom Menschen gehaltene Nutztiere gejagt und wurde dafür wiederum vom Menschen getötet. Daraus entstand vermutlich eine nachvollziehbare Skepsis des Wolfes gegenüber dem Menschen. Vor 15.000 Jahren konnte es diese Dynamik zwischen Mensch und Wolf noch nicht geben, denn wir Menschen fingen erst viel später an, Rinder, Schafe und Schweine zu halten.

Für die Haustier-Hypothese spricht auch eine der menschlichen Grundeigenschaften: unsere Fürsorge für junge Menschen und Tiere. Wir kümmern uns einfach gerne um alles, was ein Kindchenschema aufweist. Dass dies auch Wölfe betrifft, beobachtet man heute noch bei indigenen Völkern und ihrem Umgang mit Wildtieren. Beispiele sind der Umgang von Aborigines mit Dingos oder die First Nations in Kanada und ihre Behandlung von Wölfen. Mit den jungen Dingos oder Wölfen wird einvernehmlich gespielt, und sie werden versorgt. Es gibt sogar Berichte, dass junge Wölfe von Menschen gesäugt werden, wenn sie noch zu jung für feste Nahrung sind.[6]

Es erscheint wahrscheinlich, dass diese Fürsorge zur Domestizierung von Wölfen geführt hat. Die wenigen Wölfe, die auch im Erwachsenenalter noch bei den Menschen blieben, haben sich über Jahrtausende zu unserem Hund entwickelt. Es entstand eine Partnerschaft zwischen Mensch und Tier. Partnerschaft ist hier das wichtige Wort.

Vor etwa 9.000 Jahren entstand eine weitere wichtige Partnerschaft, die uns bis heute begleitet: die mit unserer Hauskatze. Ich offenbare hier meine positive Voreinstellung, weil ich selbst Mitbewohner einer Katze bin und diese Tiere allgemein ziemlich gut finde.

Hier sind der Prozess, Zeitraum und Ort der Domestizierung ziemlich eindeutig.[7] Vor etwa 12.000 Jahren (also mehrere tausend Jahre nach der Wolfsdomestizierung) betrieben Menschen zum ersten Mal Landwirtschaft im sogenannten »fruchtbaren Halbmond«. Als solcher wird die Region bezeichnet, die sich vom nördlichen Ägypten halbmondförmig über das nördliche Syrien, den nördlichen Irak und wieder runter bis zum persischen Golf erstreckt. Fruchtbar war dieser Halbmond, weil es hier ausreichend regnete und gleichzeitig warm war. Die Vergangenheitsform ist leider angebracht, da in den letzten hundert Jahren durch Staudämme und den Klimawandel der fruchtbare Halbmond überwiegend zu Wüste oder Salzwüste degradiert wurde.

Als er noch fruchtbar war, ließen Menschen sich dort nieder, begannen Getreide anzubauen und sesshaft zu werden. Dieses Getreide verhalf Mäusen und Ratten zu großen Populationsdichten, und das wiederum lockte die wilde Falbkatze an. In menschlichen Siedlungen gab es reichlich Beute für diese Katzen, die Menschen freuten sich über weniger Schäden an ihrem mühsam erarbeiteten Getreide – eine klassische Win-win-Situation.

Jetzt wird auch deutlich, warum Hunde und Katzen so verschieden sind, obwohl beide seit Jahrtausenden mit uns zusammenleben. Hunde sind aus einer völlig anderen Motivation heraus domestiziert worden. Wir hegen und pflegen sie.

Katzen waren halt einfach da und nützlich, und wenn es mal keine Mäuse gab, hat man ihnen ausgeholfen, damit sie in der nächsten Erntezeit wieder einsatzbereit waren.

Das soll nicht kleinreden, wie sehr Katzen im Laufe der Jahrtausende verehrt wurden. Ich bin selbst Ägypter, und meine Vorfahren haben Katzenhuldigung auf ein völlig neues Level gehoben. Dennoch bleiben Katzen bis heute Mitbewohner, und während Hunde in alle Größen und Formen gezüchtet wurden, haben wir Katzen bis auf wenige Ausnahmen ursprünglich gelassen und erst in den letzten Jahrzehnten angefangen, extremere Züchtungen voranzubringen (leider). Alle Ed Sheeran-, Taylor Swift- oder Claudia Schiffer-Fans müssen jetzt stark sein: Die Scottish Fold Katze wird durch ihre prominenten Besitzer:innen gerade Trendtier, leidet aber ihr

Leben lang. Die genetische Veränderung, die zu den »süßen« Knickohren führt, erzeugt leider auch massiv schmerzhafte, blasige Veränderungen der Knochen.

Selbst im Angesicht eines massiv dauerkranken Mops oder einer immer leidenden Faltohrkatze lässt sich pauschalisieren, dass die meisten Hunde und Katzen vom Zusammenleben mit dem Menschen stark profitiert haben. Anders sieht es bei den Nutztieren aus.

Domestiziertes Essen

Wie der Name schon impliziert, halten wir Nutztiere nicht, um mit ihnen eine Partnerschaft einzugehen, sondern um sie zu nutzen. Schweine, Ziegen, Schafe und Rinder wurden alle vor etwa 11.000 Jahren domestiziert, als wir Menschen erstmals sesshaft wurden. Nur um die Zeitabstände zu illustrieren, die wir bei unserer Reise in die Vergangenheit überbrücken: Zwischen dem Beginn der Nutzbarmachung von Schafen und unserer Partnerschaft mit Katzen lag so viel Zeit, wie zwischen Cleopatra und diesem Buch.

Auch allen Nutztieren liegen Wildformen zugrunde, wie bei den Tieren, die wir als unsere Freunde bezeichnen. Beim Hausschwein ist es das Wildschwein, bei Ziegen die Wildziege, bei Schafen höchstwahrscheinlich das Mufflon und bei Rindern der mittlerweile ausgestorbene Auerochse.

Natürlich wurden auch Hunde so verändert, dass sie für uns nützlich wurden, wir hatten bereits das Beispiel des Otterhounds. Bei Hunden geht es aber bei allen Veränderungen eher um eine »Dienstleistung«. Bei Nutztieren ist der qualitative Unterschied, dass wir wirklich alles an ihnen nutzen. Ein Rind »liefert« Milch und Fleisch als Nahrungsmittel, Gülle, mit der gedüngt wird, Leder und Fell für Kleidung. Ziemlich viele Produkte aus einem Tier, das auch noch einen Pflug über ein Feld ziehen kann.

So, wie wir den Hund in eine für uns optimale Form gebracht haben, so haben wir das auch mit Rindern und anderen Nutztieren gemacht.

Irgendwie ist nur die Katze verschont geblieben. Katzen müssen in ihrer gesamten Geschichte an der Seite der Menschen lediglich jagen, und das auch noch unter einfacheren Bedingungen als in der Wildnis. Dennoch haben sie es geschafft, dass wir ihnen Tempel bauen und sie wie Gottheiten verehren. Bastet war im Alten Ägypten eine Gottheit in Gestalt einer Katze und für Fruchtbarkeit, Liebe, Freude, Tanz und Feste zuständig. Nett.

Irgendwo hier verbirgt sich eine große Lektion des Lebens, die Katzen aber leider für sich behalten.

Wie effizient wir die sogenannten Nutztiere zu Hochleistungsmaschinen gezüchtet haben, zeigt sich an einem gehörnten Beispiel besonders gut.

Rinder sind extrem

Die Tiere, die wir als Rinder bezeichnen, sind genau genommen taurine Rinder. Taurus ist das lateinische Wort für Stier, Ochse oder Bulle – unsere heutigen Rinder gehen auf den ausgestorbenen Auerochsen zurück.[8] Es gibt daneben noch andere Rinder, das Zebu, Gayal und Balirind, Varianten aus Südostasien, Yaks in gebirgigen Regionen und noch einige andere. Wir beschränken uns auf unser Rind als die hierzulande dominante Form.

Dass ausgerechnet der Auerochse das Ausgangstier für eine so erfolgreiche Domestizierung ist, erstaunt, denn Auerochsen sind Kulturflüchter. Während etwa Füchse als Kulturfolger die Nähe von menschlichen Siedlungen suchen und extrem anpassungsfähig sind, verfolgen Auerochsen genau das Gegenteil: möglichst weit weg vom Menschen bleiben und bloß nicht ändern. Das ist einerseits die Erklärung dafür, dass Auerochsen ausgestorben sind, andererseits legt es auch nahe, dass Veränderungen durch die Domestizierung ganz langsam und graduell geschahen. Hier wurde gegen den Instinkt des Ursprungstieres domestiziert. Das klingt erst mal nach unnötiger Arbeit für den Menschen, ergibt aber Sinn, wenn man sich vor Augen hält, wie universell so ein Rind einsetzbar ist.

Zu Beginn haben Rinder verschiedene Zwecke erfüllt. Eine einzelne Kuh kann ab und zu etwas Milch liefern, einen Pflug oder Karren ziehen und nach der Schlachtung zu Fleisch, Leder, Fell und Horn verwertet werden. Selbst Kuhmist kann man trocknen und als Brennmaterial nutzen oder zusammen mit Urin als Jauche zur Düngung von Feldern. Zuletzt ist ein Vorteil von domestizierten Rindern, dass man sie nicht jagen muss. Sie stehen abholbereit vor der Haustüre. Eigentlich sollte es das eierlegende Wollmilch-Rind heißen. Da lohnt sich der Aufwand einen Kulturflüchter zu einem Haustier umzuformen.

Allen Domestizierungen ist gemeinsam, dass sich die Ausgangstiere optisch verändern. Das war Jahrtausende lang nicht der Zweck der Domestizierung, sondern ein Nebeneffekt (zur Zucht auf Optik kommen wir noch). Beim Rind wurden der Kopf und die Hörner kürzer, die Tiere wurden insgesamt kleiner, und ihre Rumpfform veränderte sich. Und dann setzte die Spezialisierung ein. Im Mittelalter begannen die über Jahrtausende kleiner gewordenen Rinder wieder größer gezüchtet zu werden:[9]

Rinder hörten auf ein Allzweckwerkzeug zu sein und wurden in Milch- und Fleischrassen unterteilt gezüchtet. Rinder, die darauf spezialisiert waren, besonders viel Milch zu geben, und solche, die entweder sehr schnell Masse zulegen oder besonders groß werden. Milchvieh und Fleischvieh.

Das Paradebeispiel für erstere Variante ist das Holstein-Friesian-Rind. Der Name klingt deutsch, ist aber amerikanischen Ursprungs, daher die

Schreibweise. Wenn Sie an ein klassisches schwarz-weißes Rind denken, haben Sie die richtige Rasse vor dem inneren Auge.

Die hierzulande Holstein-Rind genannten Tiere entstanden im 17. Jahrhundert durch deutsche Auswanderer in den USA und sind bis heute das leistungsstärkste Milchvieh. Durch gezielte Zucht mit den ertragreichsten Kühen gelang es, die Milchleistung zu maximieren.

In der Recherche habe ich ein Fachbuch von 1897 gefunden.[10] Dort wurde die Milchleistung in der Spitze mit knapp 16.000 Pfund pro Jahr angegeben. Das entspricht etwas über 7.000 Liter und ist heute nicht mal Durchschnitt. Der liegt bereits bei 7.800 Litern Milch pro **Laktation** und geht bei Spitzentieren bis auf 15.500 Liter hoch. Ich erspare Ihnen jetzt die Umrechnung in Badewannen oder Fußballfelder, wir sind uns einig, dass das unfassbar viel Milch für eine einzelne Kuh ist. Vor allem, wenn man bedenkt, dass eine Laktationsperiode im Schnitt 305 Tage dauert und die Milch nicht so »dünn« ist wie bei früheren Milchrassen, sondern sehr viel Proteine und Fette enthält. Um herauszufinden, welches Tier sich zur Zucht eignet, wurde auf äußere Merkmale geachtet, die mit einer hohen Milchleistung einhergehen. Und trotz heutiger Fortschritte in Genuntersuchungen wird bei Kuhmärkten immer noch die äußere Erscheinung beurteilt.

Ich habe die ersten zwei Semester Tiermedizin in München studiert, bevor ich nach Gießen gewechselt bin. Dort gab es einen Kurs zur Exterieurbeurteilung von Milchvieh, der in einem Exkurs zu einer Viehauktion mündete. Mitten im oberbayerischen Nirgendwo wurden Holstein-Rinder erst beurteilt und dann versteigert. Wir Studierenden saßen mit unseren Handzetteln auf den Holzbänken der Vorführmanege und kreuzten fleißig an: Wie ist die Harmonie der Oberlinie, also des oberen Rückens (»scharf« ist hier erstrebenswert), wie stehen die Rippen (hoffentlich »offen, schräg und ausgeprägt«), wie sind die Venen am Euter ausgeprägt (hervortretende Venen sind besser, wie bei Bodybuildern)?

In einer Pause vertraten wir uns die Beine draußen vor der Halle und schauten zu, wie Milchviehwirte ihre Ausstellungsrinder rasierten. Die Venen am Euter wurden freigestellt, die Oberlinie gerade gezogen. Das läuft genau, wie Sie es sich grade vorstellen. Die Haare am Rücken werden in einer geraden Linie abrasiert und der Flaum am Euter so gestutzt, dass die Venen zur Geltung kommen. Denn jeder Punkt mehr auf der Bewertungsskala führte zu barem Geld.

Ich beschreibe dieses Verfahren, um zu zeigen, wie aus Leistung eine Wissenschaft gemacht wird.

Milchmenge, Geburtsverlauf, Größe der Kälber, Krankheitstage, alles wird optimiert. Milchvieh sein bedeutet Teil einer Leistungsgesellschaft zu sein und alles dem Melkertrag unterzuordnen. Moderne Milchkühe müssen gemolken werden, denn auch ein Hochleistungseuter kann die produzierten Milchmengen nicht lange halten. Außerdem ist optimiert, wie viel Zeit Milchkühe zwischen zwei Kälbern haben, denn ohne Kalb keine Milch.

Allein schon deshalb ist die Marketingdarstellung des glücklichen Milchviehs in den Alpen unrealistisch. In großen Betrieben gibt es automatisierte Melkroboter, die den ganzen Tag dafür sorgen, dass den Rindern nicht der Euter platzt. Das klingt martialisch ... und ist es auch.

Milchkühe sind nur eine Seite der Medaille. Hüpfen wir mal zu den Fleischrassen. Gleicher Leistungsgedanke, nur geht es diesmal neben der reinen Fleischmenge um möglichst gute **Verwertungseffizienz,** schnelles Wachstum und einen steuerbaren Fettgehalt.

Um die Gewichtsunterschiede zwischen Milchvieh und Fleischvieh deutlich zu machen: Ein männliches Holstein-Rind, also die Rasse, die ich vorhin erwähnt habe, wiegt im Schnitt 700 Kilogramm. Ein Bulle der Rasse Weißblaue Belgier wiegt 1.200 Kilogramm.

Diese Masse kommt durch eine Mutation des Proteins **Myostatin** zustande. Ein kleines Molekül, das bei allen Säugetieren das Muskelwachstum hemmt. Kein Myostatin, und das Muskelwachstum wird nicht gestoppt. Deshalb sehen weißblaue Belgier aus wie die Karikatur eines Bodybuilders. Gleichzeitig sorgt der Gendefekt auch für einen minimalen Fettansatz. Das Ergebnis sind Unmengen äußerst mageres Fleisch und eine sehr günstige Futterverwertung: Da der Körper eingehendes Futter nicht auf die Fettherstellung verschwendet, ist die Muskelbildung noch effizienter und damit für das Ergebnis vorteilhafter.

Auch dieses Extrem hat Nachteile, in diesem Fall für die Mutterkühe. Denn die Kälber im Mutterleib sind schon so riesig, dass sie nicht auf natürliche Weise geboren werden können. Kaiserschnitte sind die Regel.

Weißblaue Belgier sind durch gezielte Verpaarung von Tieren mit Gendefekt entstanden, also ein bewusster Prozess. Diese Art Steuerung ist aber nicht die einzige Art und Weise, mit der wir Tiere drastisch verändern.

Get low, get low

Rinder sind also auf Effizienz getrimmt, bis zur Euterrasur. Noch schlechter für das Tier wird es aber, wenn die Ursprungsform so gar nicht auf die moderne Haltung ausgelegt ist. Unsere heutigen Schafe stammen von einer **Urform** des Mufflons ab. Dass es sich dabei um eine Urform handelte, ist wichtig, weil die heutigen Mufflons wiederum aus der Kreuzung mit domestizierten Schafen entstanden sind. Sie sind dadurch, plump gesagt, nicht mehr das, was ein Mufflon früher einmal war.

Vor 10.000 Jahren haben Menschen die damaligen Mufflons eingefangen und in kleinen Herden gehalten. Dies hat zu dramatischen Veränderungen geführt, die nicht gezielt beabsichtigt waren.

Mufflons haben damals in den gebirgigen Regionen Westasiens gelebt. Um sich sicher auf hartem Untergrund bewegen zu können, hatten sie feste Klauen. Gleichzeitig dienten die Hörner den Mufflons nicht nur zur Verteidigung gegen Feinde, sondern wurden auch für Rangkämpfe genutzt.

Im Gegensatz zu den wilden Mufflons hatten es die ersten domestizierten Schafe recht angenehm: Menschen boten ihnen Schutz vor Fressfeinden, Schutz vor den Elementen und vor allem einen besseren Zugang zu Futter. Und genau hier setzen die ungeplanten Veränderungen ein: Man geht davon aus, dass sich zuerst die Fellfarbe änderte, da Fellfarben, die vor dem Hintergrund verschwanden, keinen Vorteil mehr boten.[11] Als Nächstes veränderten sich die Körpertypen: Kurze Beine sind kein Nachteil mehr, wenn man nicht agil durch gebirgige Regionen vor Feinden flüchten muss. Gleiches galt für die Bewaffnung der Mufflons, ihre Hörner. Es gab plötzlich keine optimale Hornform mehr, da sie keinem praktischen Zweck dienten. Je nach Herde entwickelten sich daher unterschiedliche Varianten, und bis heute unterscheiden sich die Hornformen unterschiedlicher Schafrassen massiv voneinander.

Aus Knochenfunden wissen wir, dass früh im Domestizierungsprozess begonnen wurde, männliche junge Schafe zu schlachten. Schließlich benötigt man ohne Fressfeinde deutlich weniger Männchen als Weibchen für den Fortbestand einer Herde. Dadurch sank der Druck auf Männchen, besonders alpha zu sein, um sich gegen die Konkurrenz durchzusetzen. Klingt nach einem Wortwitz, ist aber fachlich richtig, denn als Alphamännchen bezeichnet man hier besonders dominante Böcke, die sich stark von Weibchen unterscheiden. Die Konsequenz ist ein deutlich verringerter

Geschlechtsdimorphismus – das bedeutet, Männchen und Weibchen unterscheiden sich optisch weniger voneinander.

Was hat das jetzt mit unseren heutigen Schafen zu tun? Nun, man kann das Schaf aus dem Gebirge holen, aber das Gebirge nicht aus dem Schaf.

Genau wie Rinder unterteilen wir auch Schafe heutzutage nach Nutzungsarten in Rassen. Beispielsweise stehen Merinoschafe für warme Pullover und Texelschafe für Fleisch. Gerade letztere Rasse ist eine Erfolgsgeschichte: Das Texelschaf ist weltweit die am meisten exportierte Fleischrasse. Alleine in den Niederlanden leben 1,5 Millionen Tiere, auf der Nordseeinsel Texel gibt es sogar genauso viele Schafe wie Menschen.

Sowohl auf Texel als auch im Rest der Niederlande gibt es eines nicht: harte Untergründe. Alle Anpassungen der Schafe an das Leben mit uns Menschen haben sie nicht auf ein Leben auf Meeresniveau und weichem, immer feuchtem Untergrund vorbereitet – also fernab von den Hochgebirgen, aus denen sie einst kamen. Deshalb erleiden Kälber häufig Lungenentzündungen, und erwachsene Tiere erkranken an der Moderhinke. Das Bild, das Sie bei diesem Begriff im Kopf haben, ist genau richtig. Bakterien in den stetig feuchten Klauen lassen die Klauen vermodern. Das ist extrem schmerzhaft und führt dazu, dass stark erkrankte Tiere lieber auf ihren Knien voranrutschen, als mit den Klauen aufzutreten. Es wird versucht, der Krankheit durch regelmäßige Klauenpflege vorzubeugen, dennoch tritt sie sehr häufig auf. *Pun intended.*

Hinten tiefer gelegt

Zugegeben, die wenigsten von uns haben schonmal wilde Mufflons gesehen, deshalb richten wir unsere Aufmerksamkeit einmal auf eine bekanntere Spezies: die Schweine. Über die Effizienzsteigerung von Rindern lachen Schweine nur.

Hausschweine sind die domestizierte Form des Wildschweins, Exemplare beider Tierarten haben die meisten Menschen schon mal gesehen. Erst im direkten Vergleich fällt aber auf, wie unterschiedlich sie aussehen.

Wildschweine kommen heute fast auf der ganzen Welt vor, und unser Hausschwein ist vermutlich zuerst im fruchtbaren Halbmond, den wir schon kennengelernt haben, domestiziert worden. Anders als Schafe wurden Schweine jedoch nicht in umzäunten und wettergeschützten Bereichen gehalten. Sie bewohnten kleine Waldstücke, mussten sich ihr Futter selbst suchen und bekamen ab und zu ein paar Speiseabfälle. Als reviertreue Tiere liefen sie auch nicht einfach weg. Sehr praktisch. Bis vor wenigen hundert Jahren sahen Hausschweine und Wildschweine sehr ähnlich aus. Sie waren schlank und hochbeinig, um in Wäldern agil zu sein, mit starken Schultern und langen Nasen. Beide Arten hatten borstiges Fell, um widrigen Wetterbedingungen zu trotzen, und die Geschlechter unterschieden sich deutlich. Besonders die Hauer der männlichen Wild- und Hausschweine waren ein effektives Verteidigungswerkzeug. Mit Hauern sind die messerscharfen Eckzähne gemeint, die aus dem Kiefer hervorstehen und zu schweren Verletzungen führen können. Die Hauer eines Wildschweines sind genau auf Höhe eines menschlichen Oberschenkels. Unsere Oberschenkel sind nicht für die Abwehr von riesigen Messern geeignet, besonders die Oberschenkelarterie reagiert sehr empfindlich auf Schnitte, und wer dort verletzt wird, verblutet innerhalb von Minuten. Mit diesem Wissen erscheint auch der Tod von Robert Baratheon in *Ein Lied von Eis und Feuer* gleich viel plausibler.

Erlauben Sie mir einen kleinen Exkurs zu einem Muster, dass Ihnen sicher bekannt vorkommt: Je gefährlicher und schwieriger die Jagd auf ein Tier, desto reizvoller erscheint sie. Meist dient sie dann dazu, die eigene Männlichkeit unter Beweis zu stellen. Die Wildschweinjagd mit einer sogenannten Saufeder, einem kurzem Spieß, war besonders beliebt bei Adligen, um ihre Führungsqualitäten unter Beweis zu stellen. Die Wildschweinjagd von

Karl dem Großen wurde im Jahre 799 festgehalten und untermauerte seinen Machtanspruch. Natürlich ist niemand so wahnsinnig, einem Keiler direkt entgegenzutreten. Wie auch bei den Ottern haben wir Menschen speziell dafür Hunde, diesmal: Sauhunde, gezüchtet, die das Jagdobjekt so lange hetzen, bis es erschöpft ist. Bei der Hatz wurden regelmäßig Hunde tödlich verletzt, weshalb man sie immer im Rudel losschickte. Nach der Hatz konnte der erschöpfte Keiler dann mit der Saufeder relativ gefahrlos erstochen werden. Klasse, Karl. Sehr königlich.

Zurück zu den Hausschweinen. Erst im 18. Jahrhundert begann die gezielte Zucht von Schweinerassen. Und diese Zucht brachte massive Veränderungen mit sich. Mit der Einstallung und der engeren Betreuung von vorher halbwilden Schweinen verloren die modernen Zuchtschweine nicht nur ihre Borsten. Aus hochbeinigen Tieren mit starken Schultern wurden Schweine mit immer mehr Muskulatur um die Hüfte herum. Dort sitzt der Schinken, und auf den haben wir es abgesehen. Das Fleisch der Schulter ist sehnig und zäh, beim Schinken spielt die Musik. Also wurden die Tiere vor allem hinten »tiefer gelegt«. Sie finden das keinen passenden Vergleich? Vergleichen Sie bei nächster Gelegenheit mal ein Wildschwein und ein Hausschwein und schreiben mir dann, dass Sie nicht an einen Rennwagen mit Spoiler denken mussten.

Der Fokus auf das beste Stück Fleisch ist der springende Punkt in der Schweinezucht. Die im Wald lebenden Hausschweine hatten etwa ein Schlachtgewicht von 50 Kilogramm.[12] Heute beträgt das Schlachtgewicht der Rasse Deutsches Edelschwein um die 110 Kilogramm. Das ist signifikant mehr Schinken als noch vor 200 Jahren. Das reicht uns aber nicht. Ein speziell deutsches Thema in der Schweinezucht ist der Ebergeruch.

In einer Vorlesung zur Lebensmittelhygiene ließ der Professor ein kleines braunes Fläschchen durch die Reihen des Hörsaals gehen. Darin war eine klare, geruchlose Flüssigkeit. Zumindest konnten die meisten in der Vorlesung, mich eingeschlossen, keinen Geruch wahrnehmen. Für eine Studierende, die in der Reihe hinter mir saß, war die Flüssigkeit jedoch ganz und gar nicht frei von Geruch.

Im Fläschchen war **Androstenon,** ein Geschlechtshormon von Ebern und hauptverantwortliche Substanz für den sogenannten Ebergeruch. Für zwei Drittel aller Deutschen ist Androstenon nicht wahrnehmbar, für den Rest riecht es nach einer unangenehmen Mischung aus Schweiß und Urin. Das rohe Fleisch unkastrierter Eber riecht für alle normal, dünstet aber Androstenon aus, wenn man es erhitzt. Und für ein Drittel der Konsumierenden hat es sich dann ausgeschnitzelt.

Deshalb ist Schweinefleisch mit Ebergeruch nach Lebensmittelgesetz untauglich für den menschlichen Verzehr.[13] Ebergeruch wird in Deutschland als organoleptische Anomalie (der Fachausdruck für »es schmeckt nicht«) aufgeführt, das gilt aber nicht überall: In Frankreich wird Fleisch mit Ebergeruch völlig selbstverständlich verzehrt, der Ebergeruch ist also kein allgemein gültiges Qualitätsproblem, sondern eine Gewohnheit. Gleichwohl kastrieren wir in Deutschland wegen des Ebergeruchs alle männlichen Ferkel, und das erst seit 2021 unter Betäubung. Vorher war es erlaubt, Ferkel vor dem siebten Lebenstag bei vollem Bewusstsein zu kastrieren. So habe ich es noch in meinem Studium gelernt. Heute schäme ich mich dafür, bei dieser Barbarei fernab jeglicher Evidenz nicht mehr Mitleid empfunden zu haben. Ich komme später darauf zurück, wie ich mir diese fehlende Empathie erkläre.

Kielbruch

Der ausführliche Blick auf die Domestizierung verschiedener Tierarten war notwendig, um klarzumachen, dass wir Tiere seit Jahrtausenden unseren menschlichen Bedürfnissen anpassen.
Wichtig ist: Die Veränderungen fanden mal bewusst, mal als Nebenprodukt, aber bis vor kurzem sehr langsam statt.

Wie das Beispiel der Schweinemast zeigt, steigerte sich die Taktung der Veränderungen in den letzten Jahrhunderten. Und zwar so rasant, dass die Tiere nicht mehr hinterherkamen.

Mastschweine werden heute in der Humanmedizin als Modell für Herzinfarkte genutzt. Warum? Zum einen, weil wir Menschen auf Organebene auch nur glorifizierte Schweine sind, das Herz also sehr ähnlich aufgebaut ist. Zum anderen aber, weil moderne Mastschweine ein hohes Risiko für Herzinfarkte haben. Und das liegt an ihrer rasant gestiegenen Körpermasse.

Ein durchschnittliches Menschenherz macht 0,43 Prozent des Gesamtkörpergewichts aus. Beim Schwein sind es 0,3 Prozent.[14] Das klingt nach einem kleinen Unterschied, macht für das Herz jedoch eine extreme Mehrbelastung aus. Das ist auch kein Wunder, wenn man durch Züchtung innerhalb von nicht mal 200 Jahren die Körpermasse von Mastschweinen verdoppelt hat. Das Herz kommt, vereinfacht gesprochen, nicht hinterher, die riesigen

Muskeln mit Blut zu versorgen. Das führt zu einem hohen Herzinfarktrisiko bei Schweinen, besonders in Stresssituationen. Und das ist auch der Grund, weshalb viele Schweine schon auf dem Weg zum Schlachthof sterben.

Gleiches ist der Fall beim sogenannten Kiel der Hühner, die unsere Frühstückseier legen.

Die Urform des Haushuhns, das Bankivahuhn, legt zwei Mal im Jahr fünf bis zehn Eier. Darauf ist der Körper eines Huhns ausgerichtet. Ein modernes Legehuhn kommt auf 300 Eier pro Jahr.

Jedes Ei kommt natürlich mit Schale aus dem Huhn, und diese Schale enthält Calcium. Hochleistungshühner können gar nicht so viel Calcium aufnehmen, wie sie für die Eierproduktion benötigen, daher geht ihr Körper an die Reserven – und die sitzt nun mal in den eigenen Knochen. Die ausgelaugten Knochen werden spröde, es kommt bei den kleinsten Belastungen zu schmerzhaften Brüchen. Besonders fies sind Brüche des Brustbeins oder Kiels. Hier setzen die riesigen Brustmuskeln an, die Hühner eigentlich fliegen lassen. Bei jeder Flügelbewegung ziehen diese großen Muskeln nun am gebrochenen Brustbein.

35 Prozent aller Hühner in der 35sten Lebenswoche haben ein gebrochenes Brustbein. Diese Zahl steigt bei einjährigen Hühnern sogar auf 53 Prozent und bei Hühnern in Lebenswoche 72 auf 62 Prozent.[15] Das sind absurd viele Hühner mit dauerhaften massiven Schmerzen, die dennoch weiter Frühstückseier produzieren, denn ein anwendbares Schmerzmittel für die lebensmittelliefernden Tiere gibt es nicht.

Ich könnte hier jetzt viele weitere Beispiele anbringen, aber die gemeinsame Aussage ist klar:

Wir Menschen sind extrem gut darin, Prozesse zu unseren Gunsten zu optimieren. Das betrifft die Zucht von Lebensmitteln, es gibt aber einen Bereich, in dem wir Prozessoptimierung perfektioniert haben – in der Massentierhaltung.

Und Achtung, ein überraschender Twist: Massentierhaltung beruht auf einem sehr sinnvollen Ansatz.

WARUM GIBT ES MASSENTIERHALTUNG?

Wie wurde die Tiermedizin ein so wichtiger Teil der Nutzung der beschriebenen Tiere? Dreh- und Angelpunkt ist die Lebensmittelsicherheit. Vermutlich haben Sie sich bisher in Ihrem Leben wenig Gedanken darüber gemacht, wie tierische Lebensmittel sicher gehalten werden. Dabei ist dieser Bereich eine riesige Industrie und die Keimzelle meines Berufsstandes.

Auch ich hatte mir vor meinem Studium wenig Gedanken über die Sicherheit von Lebensmitteln gemacht, mir blieb aber nichts anderes übrig, als das zu lernen. Erinnern Sie sich an den Wurstkurs aus der Einleitung?

Eine reale Szene aus dem Tiermedizinstudium sieht wie folgt aus: An einem Prüfungstag betritt man einen großen Saal, dessen Wände und Boden so gekachelt sind, dass man alles mit einem Hochdruckreiniger sauber bekommt. Es riecht auch nach scharfen Reinigungsmitteln. Vorne stehen einige Prüfer, alle tragen weiße Kittel. So weit, so Pathologie, kennt man ja aus jedem *Tatort*.

Während die Edelstahltische im Saal zum morbiden Vibe passen, fallen die Servierglocken darauf völlig aus dem Rahmen. Sie wissen schon, das sind die Art Edelstahlglocken, unter denen sich normalerweise besonders feine Speisen verbergen. Es gibt sie in Restaurants, in denen die Kellner weiße Handschuhe tragen und Sommeliers den perfekten Wein für jeden Gang vorschlagen.

In unserem Fall verbergen sich unter den Glocken eher weniger feine Speisen. Es sind Würste.

Mettwürstchen, Salami, Leberwurst und sogar eine Blutwurst, je nachdem, welche Glocke man sich aussucht. Die Prüfung am Ende des Wurstkurses besteht nämlich darin, die zugeloste Wurst zu kontrollieren, den Herstellungsprozess wiederzugeben und auf Risiken in der Herstellung hinzuweisen.

Ich hatte damals ein Mettwürstchen unter meiner Glocke. Das war zum Glück hygienisch einwandfrei, denn natürlich gehört zur Kontrolle auch ein sensorischer Teil, also einmal probieren. Das gilt für alle, also auch für vegan lebende Menschen.

»Sensorik ohne Schmecken geht nicht, du kannst es ja wieder ausspucken«, war der Kommentar meines Professors.

Eine vegane Kommilitonin hatte Pech, denn ihre Wurst war schon etwas älter, und da half das Ausspucken nicht, der Test hinterließ einen bleibenden Eindruck. Die Kommilitonin durfte sich nicht beschweren, sondern musste beurteilen, welches Bakterium sein Unwesen in der Wurst trieb, und was in der Lagerung schiefgelaufen war.

Im Wurstkurs habe ich vor allem gelernt, dass es zur tiermedizinischen Ausbildung gehört, die Qualität und Sicherheit von Wurstwaren zu beurteilen. Damit nicht genug, auch die ordnungsgemäße Herstellung eben dieser Wurstwaren steht auf dem Lehrplan. Dieses Wissen teile ich selbstverständlich gerne mit Ihnen:

Die Basis vieler Wurstprodukte ist das sogenannte Brät, eine Masse aus Fleisch und Gewürzen, es wird in einem »Cutter« genannten Gerät hergestellt. Ein Cutter ist im Endeffekt eine sehr große Küchenmaschine, bei der sich die Messer nur langsam drehen. Cutter ist ein englisches Wort, spricht sich aber wie Kutter in Fischkutter aus. Sehr verwirrend, aber prüfungsrelevant (ich übertreibe nicht – genau danach wurde ich in meiner Prüfung gefragt).

Genauso prüfungsrelevant ist das Wissen um die korrekte Menge Eis bei der Blutwurstherstellung. Denn die Messer des Cutters drehen sich zwar langsam, erzeugen aber dennoch Reibungswärme. Zu viel davon führt zu einer brüchigen Wurst, weil die Proteine degenerieren. Dagegen hilft Eis, aber zu viel Eis verwässert das Brät. Es ist wirklich eine Wissenschaft für sich. Mir persönlich hat sich während meines Studiums nicht erschlossen, weshalb ich mir diese Kenntnisse zu eigen machen sollte, immerhin wollte ich ja Tierarzt werden, nicht Metzger. Und auch nicht Käser (das Äquivalent zu Metzger im Käsebereich) oder Milchtechnologe (das ist ... selbsterklärend). Denn ähnliche Kurse wie den über Wurst gab es auch zu Milchprodukten und speziell zu Käse. Da wurde dann beispielsweise geprüft, was zu einem bitteren Mozzarella führt.

Derart tiefes Wissen über tierische Lebensmittel passt doch nicht in ein Studium, in dem Menschen lernen sollen, Tiere zu heilen.

Kafka und Schiller sind traurig

Ich löse die Verwirrung wieder mit einer Zeitreise auf, diesmal aber keine Tausende Jahre in die Vergangenheit. Ich vermute, dass Sie diese Zeilen alleine lesen. Wir sind also unter uns, und Sie können ganz ehrlich zu mir sein. Haben Sie schon mal von den Erkrankungen **Tuberkulose** und **Trichinellose** gehört?

Bei der Tuberkulose, die früher auch als Schwindsucht bezeichnet wurde, hat es vielleicht noch geklingelt, die Trichinellose dürfte den meisten

Menschen heutzutage unbekannt sein. Und genau das ist der Punkt dieses Kapitels. Vor nicht einmal 200 Jahren waren beide Krankheiten der Schrecken Europas, heute sind sie irrelevant geworden. Wie haben wir das geschafft?

1880 ging jeder zweite Todesfall einer unter 40-jährigen Person in Deutschland auf das Konto der Tuberkulose.[1] Das entsprach 110.000 Todesfällen pro Jahr. Die Erkrankung führt zu Entzündungen in der Lunge und anderen Organen und nach teils langer Krankheit zum Tod durch eine Sepsis. Alles sehr unschön, davon könnten Friedrich Schiller und Franz Kafka ein Lied singen, oder eher einen Text schreiben. Beide starben an den Folgen einer Tuberkulose.

»Davon bekomme ich die Motten« geht auf die Tuberkulose zurück, »Motten« nannte man die Erkrankung, weil eine Lunge nach der Tuberkulose aussieht wie ein Wollmantel nach einem Mottengelage. Der Ursprung dieses Spruchs ist heute zugegeben eher Partywissen (ich wäre übrigens gerne auf der Party eingeladen, auf der Sie solches Wissen teilen). 1880 waren »die Motten« aber ein realer Horror, vor allem, da niemand wusste, woher die Tuberkulose kam. Stellen Sie sich vor, eine häufige und tödliche Erkrankung grassiert, und niemand weiß, woher sie kommt oder wie man sich vor ihr schützen kann.

Um den Auslöser der Tuberkulose zu finden, brauchte es eine Person, deren Name bis heute bekannt ist.

Robert Koch verkündete 1882 in einem Vortrag an seinem Forschungsinstitut in Berlin, dass er einen Mikroorganismus als Ursache der Tuberkulose entdeckt hatte. Diese bahnbrechende Erkenntnis machte ihn schlagartig weltberühmt und brachte ihm 1905 einen Nobelpreis ein. Seine grausamen Menschenexperimente in späteren Jahren sind wiederum Thema für ein anderes Buch.

Für das ausgehende 19. Jahrhundert war endlich die Ursache einer der großen Volkskrankheiten entdeckt, und überall wurde geforscht, wie man die Tuberkulose aufhalten konnte. Koch machte bei all seinen bahnbrechenden Entdeckungen jedoch einen Fehler: Obwohl er erkannte, dass nicht nur Menschen, sondern auch Rinder an der Tuberkulose erkranken konnten, sah er keine weitere Gemeinsamkeit. Erst 1899 konnte der Veterinärmediziner Robert von Ostertag zeigen, dass ein Übertragungsweg der Tuberkulose der Konsum eines beliebten Nahrungsmittels war: die Kuhmilch.

Kühe infizieren sich zwar mit Tuberkulose, sterben aber nicht daran. Kühen mit Tuberkulose sieht man ihre Erkrankung auch nicht unbedingt an. Das bedeutet, normal aussehende Kühe geben normal aussehende Milch, die beim Menschen zur tödlichen Tuberkulose führen kann.

Tuberkulose ist also eine **Zoonose.** Das sind Krankheiten, die gierig sind und sich nicht mit einer Spezies zufriedengeben. Wenn ich jetzt schreibe, dass die zwei großen Krankheiten vom Beginn dieses Kapitels alle vom Nutztier auf den Menschen übertragen werden, wird auch klar, wo die Reise hingeht.

Große Mengen an Nutztieren bringen große Mengen an Krankheiten.

Krankheitserreger, die zuvor unerkannt viele hunderttausende Menschen getötet hatten, standen auf einmal im Scheinwerferlicht. Im Licht der neuen Erkenntnisse veränderte sich die Definition von Hygiene: Während von den Priestern im Alten Ägypten bis zu den Schlachthöfen des 19. Jahrhunderts Fleisch auf äußerliche Sauberkeit kontrolliert wurde, schaute man jetzt genauer hin.

Forscher wie von Ostertag bewiesen, dass tierische Lebensmittel gleichzeitig normal aussehen und für den Menschen dennoch gefährlich sein können. Es ging daher in der Tierhaltung und Schlachtung plötzlich nicht mehr um Sauberkeit, sondern um die Freiheit von Krankheitserregern.

Die Erkenntnis, dass durch Milch Tuberkulose übertragen wird, und die Folgewirkung auf die Haltung von Tieren sind nur ein Beispiel dafür, wie schnell Forschung zu dieser Zeit in konkrete Maßnahmen übersetzt wurde. Louis Pasteur fand heraus, dass eine kurze Erhitzung Keime in Lebensmitteln abtötet. Mit von Ostertags und Kochs Forschungen zusammen wurde klar, dass auch das für Tuberkulose verantwortliche Bakterium so ausgeschaltet werden kann. Dass Koch und von Ostertag nicht gut auf Pasteur zu sprechen waren, änderte nichts an der Erkenntnis. Seitdem **pasteurisieren** wir Milch daher, heute sogar verpflichtend für jede Milch, die wir im Supermarkt kaufen.

Mehr Partywissen gefällig? Pasteur wurde berühmt damit, durch sein Verfahren Wein haltbar zu machen. Erst nach seinem Tod zeigten seine Aufzeichnungen, dass er das Verfahren von dem Mann geklaut hatte, der ihm den Versuchswein verkauft hatte: Gérard Elisabeth Alfred de Vergnette-Lamotte. Und die Pasteurisierung von Milch geht auch nicht auf Pasteur zurück, sondern auf Franz von Soxhlet. Überhaupt stammt sehr viel Wissen über Milch von diesem einen deutschen Chemiker, sein bekanntestes Werk lautet »Die chemischen Unterschiede zwischen Kuh- und Frauenmilch und die Mittel zu ihrer Ausgleichung«.

Falls Sie mit Ihren Freunden, vielleicht in einer Bar, ein Gespräch über die Sahne in einer Piña Colada anfangen wollen, haben Sie jetzt den perfekten Einstieg.

Würmer, wo man sie nicht möchte

Die andere Krankheit, die ich zu Beginn dieses Kapitels erwähnt habe, ist die Trichinellose. Eine wirklich nervige Krankheit, denn anders als die Tuberkulose, haben wir heute noch mit der Trichinellose zu kämpfen. Sie ist eine der Gründe für Tierärztinnen an Schlachthöfen. Waren bei der Tuberkulose noch Bakterien die Übeltäter, sind es bei der Trichinellose winzige

Würmer, die sogenannten *Trichinella spiralis*. Der Name setzt sich aus dem griechischen *Trichós* für »Haar« und *spiralis* für »gerollt« zusammen, und damit haben Sie ein ziemlich genaues Bild vor Augen, wie die winzigen Plagegeister aussehen. Um sie erkennen zu können, mussten Mikroskope erst perfektioniert werden. Dafür war Carl Zeiss verantwortlich, dem es in den 1880ern (ein Wahnsinnsjahrzehnt!) durch neue Techniken wie die Ölimmersion und farbfreie Glassorten gelang, Mikroskope zu bauen, mit denen man die winzigen Trichinellen zum ersten Mal genau sehen konnte.

Schon zu Beginn des 19. Jahrhunderts hatte man in menschlichen Leichen kleine Knubbel in verschiedenen Muskeln gefunden. Ein Herr Friedrich Albert von Zenker konnte schließlich aufklären, wie die Trichinellose abläuft: Die Larven der Würmer sitzen in der Muskulatur erkrankter Schweine in winzigen Kapseln und warten geduldig darauf, dass sie gegessen werden. Wenn nun ein Mensch befallenes Schweinefleisch nicht richtig durcherhitzt und verzehrt, ist die Gelegenheit für die Trichinellen gekommen. Unsere menschliche Verdauung befreit sie aus ihrer Kapsel, die Würmer bohren sich zum Dank in unseren Dünndarm, werden dort in wenig mehr als einem Tag erwachsen und starten im Dünndarm eine wilde Party. In der Folge entstehen 1.500 Larven pro Weibchen. Diese Larven lassen sich mit unserem Blutstrom quer durch unseren Körper treiben. Bevorzugt in gut durchbluteter Muskulatur machen die Wurmlarven dann halt und bohren sich fest. Es entsteht eine neue Kapsel, in der die Parasiten bis zu 30 Jahre überleben können.

Die kleinen Knubbel, die Pathologen in menschlichen Leichen fanden, waren genau diese Kapseln. In der Kaumuskulatur, im Zwerchfell oder auch im Nacken sind diese Kapseln nicht tödlich. Wenn sie zufällig in der Herzmuskulatur landen, schon. Das ist der Grund, warum die Trichinellose so gefährlich ist.

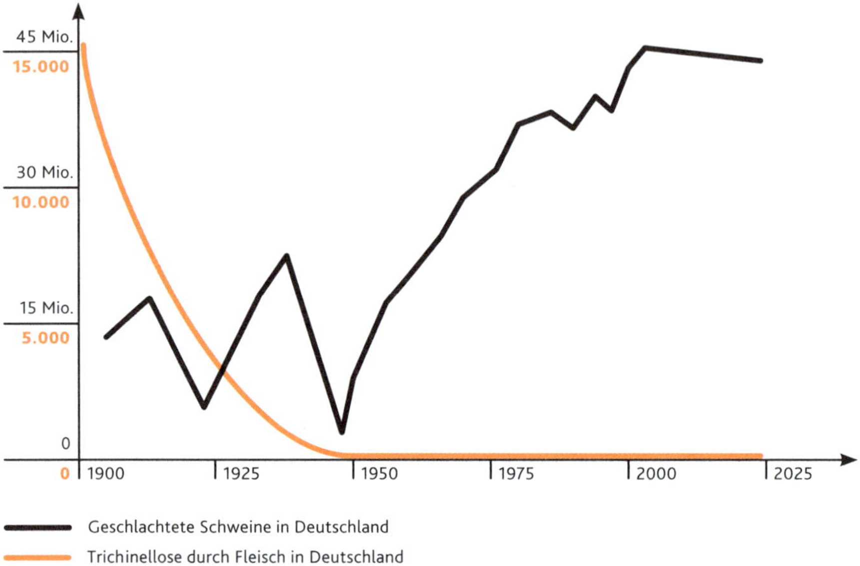

Um das Jahr 1900 herum gab es etwa 15.000 Fälle der potenziell tödlichen Trichinellose in Deutschland. Heute meldet das **Robert Koch-Institut** im Schnitt drei Fälle pro Jahr.[2] Die Krankheit verlor ihren Schrecken, sie wurde statistisch gesehen bedeutungslos. Hauptverantwortlich dafür waren Rudolf Virchow, der uns bereits bekannte Robert von Ostertag und ihr *Reichsgesetz, betreffend die Schlachttier- und* ***Fleischbeschau.***[3] Mit diesem Gesetz wurden Kontrollen auf die großen Zoonosen für jede Schlachtung verpflichtend. Mit sogenannten Trichinenschnitten wurden bei der Schlachtung häufig befallene Muskeln bei Schweinen eröffnet und auf Wurmbefall kontrolliert. Eine kleine Maßnahme mit riesiger Wirkung.

Exkurs: Rechte Politik und Tierschutz

Es gibt ein Thema, das eines Exkurses bedarf. Und zwar das Zusammenspiel zwischen rechtem Gedankengut und Tierschutz.

Unser heutiges Tierschutzgesetz beruht auf dem Reichstierschutzgesetz aus dem Jahr 1933, und dieses geht auf Hermann Göring zurück und ist von Adolf Hitler unterschrieben worden. Ja genau, die NSDAP-Politiker und Kriegsverbrecher, die die Welt mit Krieg überzogen und für den Tod von Millionen Menschen verantwortlich sind. Dieser Fakt ruft zumindest bei mir sehr widersprüchliche Gefühle hervor, die sich leicht zusammenfassen lassen: Tierschutz ja, Nazis nein. Es wäre aber falsch, das originale Reichstierschutzgesetz als Nazipropaganda abzutun und inhaltlich zu ignorieren. Denn auch wenn mir diese Worte Schmerzen bereiten: Göring und Hitler haben hier eine bahnbrechende Kehrtwende verantwortet, hin zu mehr Tierschutz.

Es war auch vor 1933 illegal, Tiere zu quälen. Aber nur im öffentlichen Raum. Geschützt wurden dadurch nicht die Tiere, sondern explizit die Gefühlslage von Frauen und Kindern, denen man den Anblick von Tierquälerei nicht zumuten wollte. Im privaten Raum wurde Tierquälerei nicht geahndet, solang man es nicht komplett übertrieb. Das Reichstierschutzgesetz vollzog eine 180 Grad Kehrtwende und setzte den Schutz der Tiere in den Fokus. In der amtlichen Begründung hieß es, das Tierschutzgesetz sei »seit Jahrzehnten Wunsch des deutschen Volkes, das besonders tierliebend ist und sich den hohen ethischen Verpflichtungen dem Tiere gegenüber bewußt ist.«

Tierschutz lag Anfang des 20. Jahrhunderts tatsächlich voll im Trend. Deutschland war international betrachtet sogar spät dran mit einer Änderung hin zu einem tatsächlich tierfreundlichen Gesetz. Bereits über hundert Jahre vorher, im Jahre 1822, hatten die Briten die Misshandlung von

Nutztieren strafbar gemacht, und 1840 wurde Königin Victoria Schirmherrin der Royal Society for the Prevention of Cruelty to Animals.

In Deutschland dauerte es halt bis 1933, und die Nazis waren Schirmherren. Das ändert aber nichts daran, dass der Fokus auf einen tatsächlichen Schutz der Tiere für sich genommen gut ist. Jetzt kommt die große Einschränkung: Das Reichstierschutzgesetz war ein zutiefst antisemitisches Werk. Überhaupt war die Tierschutzbewegung zu diesem Zeitpunkt extrem antisemitisch und generell rassistisch.

Tierschutz war ein wichtiger Bestandteil eines völkischen Glaubens, der als Antwort auf die Herausforderungen der Industrialisierung herangezogen wurde. Einflüsse »von außen« wurden abgelehnt, und man wünschte sich Deutschland als eine Kulturlandschaft, in der Mensch, Tier und Pflanzen im Einklang leben. Die sogenannte »Lebensreform« war eine große Bewegung, die dieses Gedankengut aufgriff. Gegen die empfundene Bedrohung durch damals moderne Arbeitsformen flüchtete man sich in eine Traumvorstellung von einer Lebensweise im Einklang mit der Natur. Und da gehörte der Tierschutz essenziell dazu.

Natürlich gab es diese Lebensweise nie, man konnte sich also nicht darauf zurückbesinnen. Die Ideologie der Lebensreform war hauptsächlich Realitätsflucht. Und wie immer, wenn ein ideologisches Traumgerüst aufgebaut wird, braucht man ein Feindbild als Fundament. Antisemitismus gehörte deshalb an die Seite des Tierschutzes, denn eine jüdische Weltverschwörung wurde für die negativen Folgen der Industrialisierung verantwortlich gemacht. Ebenso Feindbild war die frisch entstandene evidenzbasierte Medizin, die in eine jüdische Medizin umgedichtet wurde. Hier wünschte man sich eine naturheilkundliche Medizin des deutschen Volkes zurück. Überraschung: Auch diese hat es nie gegeben. Aber das hinderte Göring und Hitler nicht daran, das Tierschutzgesetz als Mittel für Antisemitismus und schlimmste Verbrechen zu missbrauchen.

So sinnvoll und längst überfällig der Grundgedanke hinter dem Reichstierschutzgesetz war, so strukturiert wurden die Menschen damit gezielt angegangen, die dem Regime ein Dorn im Auge waren. Das Schächten, also die Schlachtung von Tieren ohne vorherige Betäubung, ist ein Brauch mancher Menschen jüdischen und muslimischen Glaubens. Und nach heutigem Wissen ist Schächten nicht mit Tierschutz vereinbar, da wir mittlerweile sehr genau wissen, dass die Tiere bei vollem Bewusstsein verbluten. Mit dem Reichstierschutzgesetz wurde das Schächten als Beleg herangezogen, dass Menschen jüdischen Glaubens immer Tierquäler seien. Gleiches gilt für Tierversuche in der sogenannten jüdischen Medizin. Diese wurden mit dem neuen Gesetz genehmigungspflichtig, und Göring drohte bereits 1933, Wissenschaftler:innen jüdischen Glaubens, die Tiere quälten, in Konzentrationslager zu bringen. Eine der ersten öffentlichen Erwähnungen von Konzentrationslagern, wohlgemerkt.

Natürlich waren Tierversuche in der Argumentation der Nationalsozialisten für sogenannte »kriegswichtige« Forschung völlig in Ordnung. Für Versuche mit Giftgasen zum Einsatz im Krieg wurden Meerschweinchen ausgenutzt. Diese gezielten Ausnahmen ziehen sich durch das Reichstierschutzgesetz. Zirkusse konnten bei unsachgemäßer Haltung mit einem Verbot der Tierhaltung bestraft werden. Tiermediziner:innen entschieden hier, und die Strafen trafen keine »arischen Zirkusse«, sondern jene, die von Sinti und Roma betrieben wurden.

Weder Göring noch Hitler waren Tierschützer. Göring war passionierter Jäger, und Hitler sympathisierte nur mit dem Vegetarismus, da sein Idol Richard Wagner ihn gelobt hatte. Der gleiche Wagner hatte explizit das Judentum für seinen Fleischkonsum kritisiert – der Fleischkonsum seiner christlichen Mitmenschen störte ihn dagegen weniger. Dennoch wurde das Reichstierschutzgesetz unverändert in der Bundesrepublik Deutschland weitergenutzt. Bis 1972.

Daraus könnte man ableiten, dass es niemanden interessierte, wie antisemitisch das Gesetz war, man kann aber auch daraus lesen, dass hier tatsächlich valide Tierschutzpunkte gegriffen haben. Und genau diese Ambivalenz macht den Tierschutz heute noch so attraktiv für rechte Gruppierungen. Das Thema »Rückkehr zu Natur und Heimat« ist heute aktueller denn je in rechten Kreisen, denn da wünscht man sich immer noch eine deutsche Naturheilkunde »zurück«. Und auch heute wird Tierschutz von Rechten dort genutzt, wo Menschen ausgegrenzt werden sollen. Inzwischen ist nicht mehr die Industrialisierung das Feindbild, sondern die Globalisierung, verantwortlich werden aber immer noch Menschen jüdischen Glaubens, Geflüchtete und generell »andere« Menschen gemacht.

Der Philosoph André Gorz nannte das vor 50 Jahren schon Ökofaschismus, und als Mensch, dem Tierschutz ein Anliegen ist, ist es wichtig, hier zu differenzieren.

Ein wilder Studiengang erscheint!

Noch mal einen Schritt zurück: Deutschland hat also 1900 als erstes Land überhaupt ein Gesetz verabschiedet, in dem Fleischkontrollen durch sachverständige Personen vorgeschrieben sind.

Sachverständige Personen?

Damit sind die damaligen Tierärzte gemeint, die sich schon in der Bekämpfung der Rinderpest bewährt hatten, zu der ich gleich noch komme. Und hier wird endlich ein Schuh aus meiner ausführlichen Hinleitung:

> *Obwohl wir seit Jahrtausenden Tiere halten und noch länger Tiere essen, haben wir erst vor relativ kurzer Zeit angefangen, systematisch Menschen auszubilden, um unsere tierischen Lebensmittel sicher zu halten – die Amtsveterinäre.*

Ja, es gab auch tiermedizinische Hochschulen, die sich auf die Versorgung von Pferden spezialisiert hatten, die fürs Militär gebraucht wurden. Lange wurde zwischen solchen »Rossärzten« und »Viehärzten« unterschieden, aber wir klammern das ebenso fragwürdige Kapitel Militärpferde mal aus und schauen auf die Lebensmittelsicherheit.

Die allererste tiermedizinische Hochschule der Welt war 1761 in Lyon gegründet worden, spezifisch mit dem Ziel, die Rinderpest einzudämmen. Diese Viruserkrankung führte allein im 18. Jahrhundert zum Tod von 200 Millionen Rindern in Europa.[4] Was für ein Ausmaß diese Todesfälle annahmen, wird klar, wenn wir uns vor Augen halten, dass es heute in Deutschland etwa 11 Millionen Rinder gibt.

Die Lehrinhalte in Lyon waren komplett darauf ausgerichtet, diese verheerende Seuche einzudämmen. Das war so erfolgreich, dass immer mehr europäische Länder das Konzept übernahmen und tiermedizinische Universitäten gründeten. 1767 war Wien an der Reihe, 1778 Hannover. Nur Großbritannien gründete keine solche Universität, denn die Rinderpest hatte es bis dato nicht über den Ärmelkanal geschafft. Bis es dann doch geschah – woraufhin 1865 die erste englische veterinärmedizinische Hochschule gegründet wurde.

Die Investitionen zeigten rasch Wirkung. Die Rinderpest wurde durch die an den neuen Fakultäten ausgebildeten Tierärzte eingedämmt, der letzte Ausbruch in Deutschland war 1870. 2011 war die Rinderpest Geschichte – nach den Pocken war sie damit die zweite Infektionskrankheit, die wir Menschen ausgerottet haben.

Mit den neuen Universitäten wurde die Verantwortung für die Gesundheit von Nutztieren in die Hand von ausgebildeten Fachkräften gelegt, die stellvertretend für den Staat die Sicherheit tierischer Lebensmittel kontrollierten.

Achtung, hier kommt ein wirklich wichtiger Satz:
Tiermedizin existiert, um Menschen zu schützen.

Das später in **Fleischbeschaugesetz** umbenannte Gesetz von Virchow und von Ostertag zementierte die Rolle der Tiermedizin in der Fleischbeschau und steigerte die Sicherheit tierischer Lebensmittel in hohem Maße.

Im vorigen Kapitel hatte ich über die Domestizierung unserer Haustiere gesprochen, erklärt, wie der Prozess immer effizienter wurde und ich hatte versprochen, dass wir in diesem Kapitel darauf zurückkommen. Hier sind wir nun! Dank herausragender Forschung haben Menschen in kurzer Zeit die Basis für weniger menschliches Leid gelegt. Mit Beginn des 20. Jahrhunderts nimmt dieser Fortschritt so richtig Fahrt auf.

Unter der Kontrolle von ***Amtstierärzten*** *wurden tierische Lebensmittel so sicher wie noch nie in der Geschichte der Menschheit. Gleichzeitig gab es immer mehr Menschen und damit auch einen erhöhten Bedarf an den sicheren tierischen Lebensmitteln.*

Die Trichinenschnitte hatte ich bereits erwähnt: An jedem toten Schwein werden die Muskeln angeschnitten, in denen sich die gefährlichen Würmer am liebsten aufhalten. Das funktioniert sehr gut, ist aber arbeitsintensiv. Mit dem steigenden Bedarf an Schweinefleisch und den größeren Produktionsmengen hielten die Trichinenschnitte zunehmend auch den Schlachtbetrieb auf.

Effizienter wurde das Kontrollverfahren durch Sammelproben. Dafür wird aus jedem Schweinekörper etwas Muskulatur herausgeschnitten, und die Proben von vielen Schweinen durchlaufen den Prozess einer künstlichen Verdauung, mit Verdauungsenzymen in einer Petrischale. Diese Sammelprobe wird auf Würmer untersucht – wenn man einen findet, werden die Schweine einzeln untersucht. Das ist viel effizienter als Einzeluntersuchungen, daher wird es bis heute so durchgeführt. Noch effizienter wird es bei den ganz großen Schlachthöfen. Hier werden im Falle einer positiven Chargenprobe einfach alle Schlachtkörper des Tages entsorgt. Das sind dann mehrere Tausend Schweine. Das ist günstiger als die Zuordnung des betroffenen Einzeltieres.

Die Sammelmethode funktioniert natürlich nur, wenn viele Tiere an einem Ort geschlachtet werden. Es bringt nichts, wenn jeder Haushalt nur ein oder zwei Tiere schlachtet.

Der Trend ging Anfang des 20. Jahrhunderts weg von unzähligen unkontrollierten Hausschlachtungen, die jahrhundertelang üblich gewesen waren, hin zu immer mehr Schlachthöfen, an denen viele Tiere gesammelt, geschlachtet und untersucht werden. Mit dem neuen Hygieneverständnis und den vorgeschriebenen Kontrollen setzten sich diese Schlachthöfe so richtig durch.

Heute kann jedes einzelne Tier durch ausgebildete Personen, also durch Tierärztinnen oder durch sie angeleitetes Fachpersonal, standardisiert kontrolliert werden. Bei neuen Erkenntnissen wird ein Kontrollschritt hinzugefügt. Wir haben beispielsweise herausgefunden, dass von außen gesund aussehende Tiere an Salmonellen erkrankt sein können. Diese Bakterien verursachen beim Menschen Durchfall. Sie verstecken sich bei Schweinen in bestimmten Lymphknoten. Also wurde eingeführt, dass diese Lymphknoten bei jedem Schlachttier angeschnitten und kontrolliert werden. Wieder eine kleine Maßnahme mit großer Wirkung. Heute spielt die Salmonellose durch den Konsum von Schweinefleisch keine Rolle mehr.

Schlachthöfe dienten der Sicherheit tierischer Lebensmittel, und wir Tierärzte waren an vorderster Front verantwortlich. Ach nein, die Vergangenheitsform ist falsch. Wir arbeiten heute sogar noch intensiver für die Tierindustrie.

HACCP betritt den Ring

Mit besseren Kontrollen stieg die Sicherheit der Lebensmittel, und es konnten mehr Tiere verwertet werden. Fleisch wurde nicht nur sicherer, sondern auch günstiger. Dadurch stieg die Nachfrage an Lebensmitteln, und dadurch wiederum stieg die Menge an Tieren, die in Großbetrieben gehalten und im Schlachthof geschlachtet wurden.

Der Effizienzgedanke, den wir in der Zucht von Nutztieren bereits hatten, fand Einzug in die Haltung. Tiere werden auf **Betonspaltenboden** gehalten, das ist ein exakt abgemessener Betonboden, der Rillen hat. Exakt abgemessen, damit eine Metallstange über den Boden gezogen werden kann und Kot durch die Rillen gedrückt wird. Das ist viel effizienter, als einen mit Stroh eingestreuten Stall auszumisten. Hühner wurden in Legebatterien gehalten, Rinder stehen in Anbindehaltung, trächtige Sauen in Kastenständen.

Spätestens in der Zeit des »Wirtschaftswunders« in den 1950ern wurden die Tierbestände so groß, dass sich ein neues Problem ergab: Die Kontrollen im Schlachthof alleine reichten nicht mehr aus. Wenn immer mehr Tiere immer dichter zusammen gehalten werden, steigt die Zahl ihrer Erkrankungen massiv an. Die Kontrollen an den Schlachthöfen hatten uns die größten Sorgen um tierische Lebensmittel genommen, Tierärzte hatten dafür gesorgt, dass das System zuverlässig und effizient lief. Nun war ein Limit erreicht, und es gab zwei Möglichkeiten: Entweder man limitierte die Zahl an Tieren oder aber man steigerte die Effizienz.

Kleiner Scherz, das hier ist ja kein fiktives Werk, also gab es natürlich nur eine Möglichkeit: effizienter werden. Das ermöglichte in den 1980er-Jahren ein brandneues System: **HACCP.**

Dieses handliche Akronym steht für *Hazard Analysis and Critical Control Points,* also Gefahrenanalyse und kritische Kontrollpunkte. Ich bin Akronymen gegenüber recht skeptisch eingestellt, weil sie sich wunderbar eignen, um Dinge nicht beim richtigen Namen zu nennen (Achtung: *foreshadowing!),* in diesem Fall sehe ich allerdings den Nutzen: Immerhin ist der ausgeschriebene Begriff wirklich kompliziert, deshalb bleiben wir bei HACCP.

Das revolutionär Neue war, dass bei HACCP der Fokus auf Prävention lag. Statt ihre Körper erst bei der Schlachtung zu kontrollieren, sollten Tiere nach dem neuen System gar nicht erst erkranken.

Moment, haben wir es hier etwa mit einem Tierschutzgedanken zu tun?

Nein, nicht wirklich. Es ging nach wie vor um die Sicherheit des Menschen.

Entwickelt wurde das HACCP-Konzept für die ersten Raumfahrtmissionen, weil einen im Weltall niemand pupsen hört. Wenn man erstmal die Erde verlässt, ist eine Lebensmittelvergiftung katastrophal. Die Apollo-Astronauten mussten also vor gefährlichen Lebensmitteln beschützt werden, und HACCP stellte dies sicher. Bei allen Lebensmitteln, aber besonders bei tierischen.

Das HACCP-Konzept sah vor, jeden Schritt der Tierhaltung von der Geburt bis zur Schlachtung genau zu überwachen, Gefahren zu analysieren und an bestimmten Kontrollpunkten zu untersuchen. Mit Kontrollpunkten sind klar definierte Messwerte oder Vorschriften gemeint. Für die Junghennenaufzucht gibt es beispielsweise ein 173 Seiten langes Dokument der Tierärztlichen Hochschule Hannover, in dem jeder einzelne Schritt definiert ist, der die Junghennen »körperlich gut konditioniert, stressstabil und leistungsfähig« aufzieht.[5]

In diesem Dokument sind die verschiedensten Kontrollpunkte definiert, von der Dicke des Kükenpapiers (mindestens 90 Gramm pro Quadratmeter) bis zur Vermeidung von Rostrückständen an Futterketten, auf denen, wie im Sushirestaurant, das Futter transportiert wird. Als Kükenpapier wird das Papier bezeichnet, das in der industriellen Landwirtschaft zu Beginn eines Hühnerlebens auf den Boden von Volieren gelegt wird, damit die Küken mit ihren kleinen Füßen nicht im Bodengitter hängen bleiben. Außerdem saugt das Papier Flüssigkeiten auf und steigert so die Hygiene. An jedem einzelnen Kontrollpunkt wird angesetzt und die Qualität der Haltung verbessert, immer mit dem Ziel, dass keine für den Menschen gefährlichen Krankheiten entstehen.

Aber Moment, warum sind die Tiere denn eigentlich im Stall? Würden sie draußen gehalten werden, erübrigte sich doch das Kükenpapier.

Weil sich große Tiermengen nur unter kontrollierten Bedingungen halten lassen.

Auf normalem Boden lassen sich Infektionen im Hühnerkot beispielsweise nicht gut eindämmen. Die Kokzidiose ist hier ein gutes Beispiel, eine durch Einzeller ausgelöste Durchfallerkrankung. Hühner, die äußerlich keine Anzeichen der Erkrankung zeigen, scheiden die Einzeller aus. Diese reichern sich im Boden an und infizieren dann andere Hühner, was zu blutigem Durchfall führt. Sehr unangenehm alles. Ist der Boden einmal infiziert, wird man Kokzidien außerdem nur schwer wieder los. Boden lässt sich nicht so einfach austauschen wie Kükenpapier, das laut Kontrollpunkt nach drei bis vier Wochen entfernt wird. Genau darauf zielt HACCP ab: Jedes noch so kleine Detail wird exakt kontrolliert, und das geht nur in abgeschirmten Ställen.

Dabei ist es erstmal irrelevant, ob Papier auf Gitterböden für die Küken angenehm ist oder nicht. Das übergeordnete Ziel ist die Gesundheit von uns Menschen. Hinter den Hygienemaßnahmen steckt kein Tierschutzgedanke.

Der große Widerspruch

Alles hat also mit der Kontrolle an Schlachthöfen begonnen, und als diese erfolgreich war, erweiterten wir Menschen diese Kontrolle nach und nach auf das gesamte Leben von Nutztieren. Die Ökonomisierung der Nutztiere wurde ausgebaut und die Vorsorge in den Fokus gerückt. Und auch hier funktioniert nichts ohne die Menschen, die doch eigentlich Tiere schützen sollen.

Aus Industriesicht kommt ein Tier optimalerweise von Geburt bis zur Schlachtung niemals in Kontakt mit Erregern, die für uns Menschen gefährlich sind. Das Extrembeispiel sind sogenannte **SPF-Herden.** Oje, noch ein Akronym.

SPF steht für *Specific Pathogen Free,* also frei von einzelnen Pathogenen. Um bei den Hühnern zu bleiben: Es gibt Zuchtlinien, die garantiert salmonellenlos aus dem Ei schlüpfen. Wenn diese Hühner in ihrem Leben bis zur Schlachtung keinen Kontakt zu Salmonellen haben, ist auch das Endprodukt Hühnerbrust oder das Frühstücksei garantiert salmonellenfrei. Fantastisch, eine Sorge weniger. Die Hühner leben ja eh in Ställen, die komplett von der Außenwelt abgeschirmt sind und die man nur mit spezieller Schutzkleidung und durch eine Hygieneschleuse betreten darf. Alles kontrollierbar, dank HACCP.

Hühner sind übrigens kein Einzelfall für isolierte Haltung. Schweine leben in Deutschland ebenfalls in solchen Ställen. Das ist zugegeben eine ziemlich absolute Aussage. Es gibt doch auch Schweine, die in Außenhaltung leben? Ja, das ist korrekt. Und zwar 1 Prozent aller Schweine.[6] Diese Schweine leben aber nicht auf luftigen Wiesen und in Wäldern, sondern haben Zugang zu einem sogenannten **Außenklimareiz.** Das ist der euphemistische Ausdruck für ein offenes Fenster im Stall. Die Version mit Wiesen und Wäldern nennt sich Freilandhaltung. Hierfür gibt es keine offiziellen Zahlen, die Schätzung von Expertinnen lautet »weit unter 1 Prozent«. Deshalb bleibe ich dabei: Deutsche Schweine leben in Ställen.

Ich habe vorhin aus dem Bericht der Tierärztlichen Hochschule Hannover zu den Kontrollpunkten für Junghennen zitiert: »körperlich gut konditioniert, stressstabil und leistungsfähig« – so lautet das Ziel für die Hennen. Das ist aber nur die halbe Wahrheit. Denn das komplette Werk ist eine Koproduktion der Landwirtschaftskammer Niedersachsen und des **Beratungsteams Tierwohl der Tierärztlichen Hochschule Hannover.** Obwohl es bei den Kontrollpunkten des HACCP in Wahrheit um Hygienemaßnahmen geht, die der menschlichen Gesundheit dienen, wird vorgeschoben, dass diese nur aus Sorge um das Wohl der Tiere entwickelt wurden.

Und schon im Vorwort heißt es: »Das Haltungssystem, die Fütterung der Tiere, das Angebot an Beschäftigungsmaterial, das Stallklima und viele weitere Aspekte haben großen Einfluss auf die Ausprägung von **Verhaltensstörungen** wie Federpicken und Kannibalismus.«

Das darf man nicht als Tierschutzgedanken missverstehen. Es geht hier ausschließlich darum, die Tiere so zu halten, dass möglichst wenig Verluste gemacht werden.

Denn das geschieht unter Haltungsbedingungen, die den Tieren Leiden zufügen: Wenn Tiere unter Dauerstress leben, fangen sie an Verhaltensweisen zu zeigen, die für sie schädlich sind. Hühner beginnen, sich gegenseitig Federn auszurupfen, das nennt sich Federpicken, oder aber sie fressen sich gegenseitig an. Als Konsequenz wird aber nicht die Haltungsweise verändert, sondern es werden die Schnäbel gekürzt, um Federpicken und Kannibalismus zu erschweren. Damit hat man die Auswirkungen des Tierleids halbwegs eingedämmt, aber das ist kein Tierschutz.

Wir haben hier also ein Dokument, das versucht leistungsfähige Hühner und Tierschutzaspekte unter einen Hut zu bekommen. Genau dieser Widerspruch ist der Kern des Tierarztdaseins.

Wir sind gleichzeitig die größten Helfer in der Tierausbeutung und die größten Verfechter für Tierschutz. Wie passt das denn zusammen?

IM DIENST DES MENSCHEN VS. IM DIENST DES TIERES

Bisher haben wir gelernt, dass Menschen schon immer alle Tiere in zwei Kategorien eingeteilt haben: Freunde und Nutztiere (und dass Katzen das System ausgetrickst haben). Außerdem haben wir erfahren, dass Tiermedizin nur entstanden ist, um die menschliche Gesundheit zu sichern. Ursprünglich ging es um die Eindämmung der Rinderpest, später um die Sicherheit tierischer Lebensmittel, erst im Schlachthof, dann im Stall.

Das deckt sich ja nun gar nicht mit dem Bild der modernen Tierärztin aus der Einleitung. Das ist doch heute bestimmt anders! Ich kann mir kaum vorstellen, wie Tierärztin Dr. Mertens hunderte Rinder **»keult«** und anschließend verbrennt, um die Rinderpest einzudämmen.

Doch der Fokus auf Lebensmittelsicherheit ist auch heute noch das Grundprinzip der tiermedizinischen Ausbildung. In Deutschland ist der Studiengang Veterinärmedizin durch ein Staatsexamen reguliert, und das gibt es nur bei Ausbildungen, die unter staatlicher Aufsicht stehen. Weil der Beruf dem öffentlichen Interesse dient, lässt sich der Staat die Ausbildung jeder Tierärztin knapp 19.000 Euro kosten. Pro Jahr, versteht sich.[1] Nur die Humanmedizin ist teurer.

Die elf Semester Tiermedizin in Regelstudienzeit kosten also knapp über 100.000 Euro pro Tierärztin. Der Grund ist einzig und allein: Lebensmittelsicherheit ist gesamtgesellschaftlich entscheidend. Die medizinische Versorgung von Dackeln mit Bandscheibenvorfall ist hingegen Luxus. Jede Tierärztin, die sich nach ihrem Studium nicht um die Lebensmittelsicherheit kümmert, ist gesellschaftlich gesehen ein Minusgeschäft.

Dennoch arbeiteten 2022 fast genau die Hälfte der niedergelassenen Tierärztinnen in einer Kleintierpraxis und damit fernab von jedem lebensmittelliefernden Tier, das ein oder andere Kaninchen mal außen vor gelassen.[2] Mir ging es genauso, denn bereits zu Beginn meines Studiums wusste ich, dass ich später einmal Kleintiere, hauptsächlich Hunde und Katzen, behandeln wollte. Während des Studiums wurde mir dann klar, dass ich Neurochirurg werden wollte, also spezialisierte ich mich auf diese Fachrichtung. Einerseits, weil ich mich in diesem Bereich nicht zwischen Internistischer Medizin und Chirurgie entscheiden musste (Rätsel lösen und Schnippeln fand ich gleichwertig spannend), andererseits, weil die Neurochirurgie ein Hauch von Mythos umweht: winzige OP-Felder, hochkomplexe Eingriffe – und darum viele bewundernde Ohs und Ahs.

Studierende, die sich für Kleintiermedizin interessierten, wurden während des Studiums regelmäßig zurechtgewiesen. Am stärksten ist mir die Aussage eines Professors für Schweinemedizin in Erinnerung geblieben. Seine Vorlesung fand freitags als letzte Veranstaltung der Woche statt, und die allererste Einheit des Semesters begann er mit: »Sie täten gut daran, hier sehr genau aufzupassen. Besonders diejenigen, die sich nur für Kleintiere interessieren. Die Schweinemedizin wird für die meisten von Ihnen das Geld einbringen, egal ob Sie wollen oder nicht. In der Kleintiermedizin ist nichts zu holen. Viele Schweine, viele Scheine.« Wenige hörten auf seine Mahnung, denn die ungünstig gelegene Vorlesung wurde kaum besucht. Habe ich zumindest gehört, aus erster Hand kann ich das nicht bestätigen.

Mit dem Kern seiner Aussage hatte der Herr Schweineprofessor eigentlich recht. Die Schweinemedizin und die Versorgung von Nutztieren allgemein bilden die Basis unseres Berufes, das hatten wir in den vorangegangenen Kapiteln ja zur Genüge. Neu ist der innere Konflikt, der in einem Berufsstand entsteht, wenn völlig gegensätzliche Ansichten aufeinandertreffen. Denn ähnliche Aussagen zur Relevanz lebensmittelnaher Unterrichtsfächer bekamen wir beinahe wöchentlich zu hören. Und jedes Mal ignorierten wir sie.

Die überwiegende Mehrheit der modernen Studierenden beginnt das Studium, ohne einen Bezug zu Nutztieren oder Lebensmittelhygiene zu haben. Diese jungen Menschen würden lieber einen völlig anderen Beruf erlernen, als in einem Schlachthof oder in der Massentierhaltung zu arbeiten. Das ist ein neuer Trend, noch bis in die 1990er-Jahre waren Tiermedizinstudierende männlich und kamen aus Familien, deren Wurzeln in der Landwirtschaft lagen. Für diese frühere Generation ging es darum, Nutztiere zu behandeln, für die neue Generation ist die Arbeit mit Hunden, Katzen und Pferden eine Passion aus Tierliebe.

Das klingt jetzt, als würde ich das Tiermedizinstudium idealisieren, es zeigt aber nur den Grund, aus dem viele es beginnen. Und wer aus Tierliebe ein schwieriges Studium startet und dann feststellt, dass er oder sie eigentlich ausgebildet wird, um tierische Lebensmittel sicher zu halten, der gerät schnell in einen Konflikt. Rückblickend wünsche ich mir, ich wäre weniger naiv ins Studium gestartet, denn meine Tierliebe hat zu einiger Frustration geführt.

In der Tiermedizin konkurrieren also alte Strukturen mit neuen Ansichten und ringen um die Deutungshoheit. Ein Paradebeispiel dafür ist der Geflügelbereich der Stiftung Tierärztliche Hochschule Hannover. Hier fließt viel Geld in die Optimierung der Tiernutzung, und das nicht gerade transparent. Leuchten wir also mal in die ganz dunklen Ecken der Tiermedizin, die gern in den Mantel des Schweigens gehüllt werden.

Paul-Heinz knows best

Seit dem Jahr 2003 ist die Tierärztliche Hochschule Hannover eine Stiftungshochschule – und das hat weitreichende Folgen. Stiftungshochschulen waren damals kein neues Konzept, bereits Wilhelm von Humboldt wollte eine Universität mit weniger staatlicher Einflussnahme gründen. Gerade in der Tiermedizin und Lebensmittelsicherheit steuert der Staat vieles, wie wir gesehen haben. Mit großem Staatsexamen kommt große Verantwortung. Da liegt es nahe, eine Universität zu schaffen, die freier agieren kann.

Wenn man dem Gedanken folgt, dass Erfolg recht gibt, dann hat die TiHo (so wird sie üblicherweise abgekürzt, und wir tun das von hier an auch) alles richtig gemacht. Sie gilt als Deutschlands beste Ausbildungsstätte für Tiermedizin und belegt international Top-Plätze im Shanghai-Ranking, einem internationalen Hochschul-Ranking, bei dem jährlich tausend Universitäten geprüft werden. 2019 war sie die zweitbeste Tiermedizinhochschule weltweit.[3] Das ist ein beachtlicher Erfolg, der selbstverständlich irgendwie finanziert werden muss. Modernes Equipment und die besten Dozent:innen sind schließlich teuer. Und hier wird es finster.

2023 habe ich bei der Verleihung des Peter-Singer-Preises für Strategien zur Tierleidminderung den Vortrag einer Tierärztin namens Dr. Tönnies gehört (sie ist weder verwandt noch verschwägert mit dem Fleischmagnaten des Schlachthofs Tönnies). Darin kritisierte sie die Einflussnahme des Geflügelfleischerzeugers Wiesenhof auf die TiHo. Interessiert versuchte ich später, die Zusammenhänge genauer zu recherchieren und stellte fest, dass das gar nicht so einfach ist. Eigentlich hatte ich damit gerechnet, dass öffentlich einsehbar wäre, wer die Stiftung der TiHo finanziell unterstützt und wie viel Einflussnahme damit einhergeht. Leider ist dies weder öffentlich noch transparent. Werfen wir daher mal einen genaueren Blick auf meine Recherchen zum Thema Wiesenhof und TiHo.

Nach einigen ergebnislosen Telefonaten stieß ich auf einen Lagebericht der Stiftung aus dem Jahr 2020.[4] Darin stand, Doris Wesjohann sei bis 2020 stellvertretende Vorsitzende des Stiftungsrates gewesen. Wesjohann ist hauptberuflich seit 2005 im Vorstand der **PHW-Gruppe,** zu der unter anderem Wiesenhof und Bruzzzler (nur echt mit drei z's!) gehören. Seit ihrem Ausscheiden aus dem Stiftungsrat gibt es keine direkte Verbindung mehr zwischen der PHW-Gruppe und der TiHo.

Ein Stiftungsrat berät und beaufsichtigt in der Regel alle Teile einer Stiftung und beruft die Geschäftsführung ein – die damalige stellvertretende Vorsitzende hatte also mutmaßlich großen Einfluss. Mutmaßlich, da sich dies im Fall der TiHo nicht direkt rekonstruieren lässt. Ebenso unklar bleibt, wie viel Geld von PHW an die TiHo geflossen ist. Dass es eine Menge gewesen sein muss, dafür sprechen die Gepflogenheiten: Einen Sitz im Stiftungsrat einer Stiftungshochschule erhalten nämlich in der Regel führende Forschende, leitende Verwaltungsangestellte der Universität und eben die größten Spender aus der Industrie. Das nötige Geld dafür hätte PHW definitiv.

PHW ist das größte Geflügelunternehmen in Deutschland und steht in Europa auf Platz vier. Die Abkürzung steht für Paul-Heinz Wesjohann, den Gründer des Unternehmens, Doris Wesjohann ist seine Tochter. Die Erfolgsgeschichte des Unternehmens startete in den 1950er-Jahren mit dem Import von damals neuen Zuchtlinien für Masthähnchen aus den USA. Die zeichneten sich durch besonders schnelles Wachstum aus und konnten dementsprechend schneller und mit größerem Gewinn geschlachtet werden. Wesjohann war also ein Vorreiter in Sachen Optimierungsprozess der Massentierhaltung, den wir uns im letzten Kapitel angesehen haben.

Man könnte jetzt schnell auf den Gedanken kommen, dass die TiHo durch Massentierhaltung gefördert wird. So einfach machen wir es uns aber nicht, denn die 1950er-Jahre sind lange her, vielleicht ist PHW ja mittlerweile ein »tierfreundlicheres« Unternehmen auf dem Weg zu einem veganen Sortiment. Mit dem Unternehmen Rügenwalder Mühle lief es ja so ab. 1834 gegründet, war das Unternehmen lange auf Wurstwaren spezialisiert, während es inzwischen mehr Gewinn mit vegetarischen und veganen Produkten erwirtschaftet. Industrieförderung ist ebenfalls nicht unüblich und auch an staatlichen Universitäten notwendig. Staatliche Förderungen reichen bei weitem nicht aus, um moderne Forschung zu ermöglichen, daher ist eine Kooperation zwischen beispielsweise Pharmaunternehmen und Universitäten alltäglich.

Solche Kooperationen oder Förderungen sind jedoch von staatlicher Seite aus reguliert, sie müssen transparent sein. Das funktioniert mal mehr, mal weniger gut, aber inwiefern es eine Einflussnahme von PHW auf die TiHo gibt oder gab, ist überhaupt nicht einsehbar. Es ergibt sich aber ein massives Unwohlsein beim Blick auf den Tierschutzgedanken: Die PHW-Gruppe ist in den vergangenen Jahrzehnten immer wieder durch Berichte über Tierschutzfälle negativ aufgefallen. Der Weg hin zu einem »tierfreundlichen« Unternehmen ist von PHW aus an Mangel anderer Ambitionen bis heute nicht zu erkennen.

2010 zeigte die ARD-Dokumentation *Das System Wiesenhof: Wie ein Geflügelkonzern Tiere, Menschen und die Umwelt ausbeutet* schwere Tierschutzverletzungen in einem Wiesenhof-Stall. 2013 berichtete *Stern TV,* dass ein Wiesenhof-Zulieferbetrieb lebende Tiere im Müll entsorgte. Videoaufnahmen von SOKO Tierschutz e.V. zeigten, wie ein Mitarbeiter versuchte, ein lebendiges Huhn an einem Mülleimer totzuschlagen.

Dies sind nur zwei der Skandale rund um PHW. Der namensgebende Paul-Heinz Wesjohann antwortete damals, man habe keinen Einfluss auf Subunternehmen.[5] Überhaupt fiel der inzwischen aus dem Vorstand ausgeschiedene Wesjohann in der Vergangenheit mit Aussagen auf, die vermuten lassen, dass er kein besonders großer Tierfreund ist. In einem Interview mit der Zeitung *Welt* aus dem Jahr 2009 findet sich dieser Ausschnitt:[6]

Wesjohann: »(...) Ich habe Respekt vor jeder individuellen Neigung, auch vor Menschen, die überhaupt kein Fleisch essen ... wie heißen die gleich wieder?«

Welt: »Sie meinen Vegetarier?«

Wesjohann: »Genau. Also, das soll jeder machen, wie er möchte. Nur für schwangere Frauen ist fleischlose Kost nicht das Richtige. Die Kinder dieser Frauen sind später anfälliger für Krankheiten.«

Dieses Vorurteil von Wesjohann ist schon lange widerlegt. Das Bundeszentrum für Ernährung schreibt: »Schwangere müssen weder Fleisch noch Fisch essen.«[7] Aus dem Interview mit Wesjohann stammt auch seine Aussage »Geflügelzucht ist eine große soziale Tat«. Wesjohann argumentiert seit Jahrzehnten, er erweise der Gesellschaft einen Dienst, weil sein Unternehmen dafür sorgt, dass sich jede Person Fleisch leisten kann. Und das klingt genau so wie die Herleitung des tierärztlichen Berufsstandes. Auch hier ist das soziale Interesse die Sicherung tierischer Lebensmittel. Unter diesem Aspekt macht es nur Sinn, dass PHW und die TiHo eng zusammenarbeiten. PHW liefert Geld, und die TiHo forscht an der Effizienzsteigerung, damit sich auch weiter jede Person an dieser »großen sozialen Tat« erfreuen kann – die Wesjohann auf die Liste der reichsten Menschen der Welt des *Forbes Magazin* gebracht hat. Wie diese Zusammenarbeit bis heute andauert, schauen wir uns jetzt an.

A.K.R.O.N.Y.M.E.

Hier kommt eine Forschungseinrichtung namens WING ins Spiel. Ich hatte meine Abneigung gegenüber Akronymen ja schon angedeutet, nun fühle ich mich direkt bestätigt: WING steht für »Wissenschaft und Innovation für nachhaltige Geflügelwirtschaft«. Es handelt sich dabei um eine Außenstelle der TiHo, die zu den Bereichen Wissenschaft, Innovation und Nachhaltigkeit in der Geflügelwirtschaft forscht und dieses Wissen an Studierende und die allgemeine Öffentlichkeit vermittelt. Wissenschaft, Innovation und Nachhaltigkeit sind klasse Buzzwords, aber ich denke es überrascht an dieser Stelle niemanden mehr, dass alle drei Aspekte auch hier auf Effizienzsteigerung abzielen.

WING ist eine große Investition. Teil der Außenstelle ist eine Stiftungsprofessur – und das ist eine große Sache, denn es gibt nur sehr wenige Professuren in diesem Bereich. Überhaupt gibt es ja nur fünf tiermedizinische Hochschulen in Deutschland, und wenn die TiHo eine zusätzliche Professur für die Geflügelwirtschaft erhält, ist das nicht zu unterschätzen.

Es ist auf der Website des WING nur durch genaues Suchen erkenntlich, aber bezahlt wird die gesamte Einrichtung inklusive der Stiftungsprofessur vom Landesverband Niedersächsische Geflügelwirtschaft e.V. Also nicht von PHW alleine, sondern von allen niedersächsischen Geflügelunternehmen. Auf der Website des Vereins steht als Zielsetzung: »Der Landesverband der Niedersächsischen Geflügelwirtschaft e.V. (NGW) vertritt die Interessen und Belange seiner über 1.600 Mitglieder gegenüber Politik, Verwaltung und Öffentlichkeit.«[8]

Es gibt da also einen Interessenverband, der Forschung zur Geflügelwirtschaft fördert. Dabei ist die Lehre an Universitäten doch zwingend frei. Eine Professur wählt frei und selbstständig ihre Forschungsthemen und ihre Ausrichtung aus. Das gilt auch für Stiftungshochschulen. Wir können jetzt nur vermuten, wie frei eine Professur tatsächlich ist, wenn sie komplett von einem Verein finanziert wird, dessen vorrangiges Interesse ein wirtschaftliches ist.

Als ich für dieses Kapitel recherchierte, traf ich einen guten Freund, der ebenfalls Tierarzt ist, auf einen Kaffee und erzählte ihm, was ich bisher herausgefunden hatte.

Er nickte und sagte: »Das erklärt die Lohmann-Hühner im WING!« Ich wusste, dass die Lohmann-Tierzucht GmbH Geflügelzucht betreibt und zum Weltmarktführer EW Group gehört, sein Kommentar erschloss sich mir aber nicht. Auf meinen fragenden Blick hin erzählte er mir von einer Entdeckung beim Besuch des WING-Forschungsgutes in der niedersächsischen Kreisstadt Vechta. Ich erwähnte bereits, dass es sich dabei um eine Außenstelle der TiHo handelt. Jedenfalls war mein Freund überrascht, auf dem Versuchsgut ausschließlich Zuchtlinien der Lohmann-Tierzucht GmbH aufzufinden. Zugegeben ist Lohmann der Marktführer, aber ein Versuchsgut sollte ja möglichst divers aufgestellt sein, um Geflügelhaltung zu untersuchen. Wenn nur ein Unternehmen vertreten ist, betreibt man Produktentwicklung und keine Wissenschaft. Wie beschrieben, gehört die Firma Lohmann zur EW Group, dem Weltmarktführer in der Geflügelzucht.

Wofür steht das EW?

Erich Wesjohann.

Das ist der Bruder von Paul-Heinz, und so schließt sich der Kreis rund um die Geflügelwissenschaften der TiHo: das nächste Mitglied der Familie Wesjohann im TiHo-Kosmos.

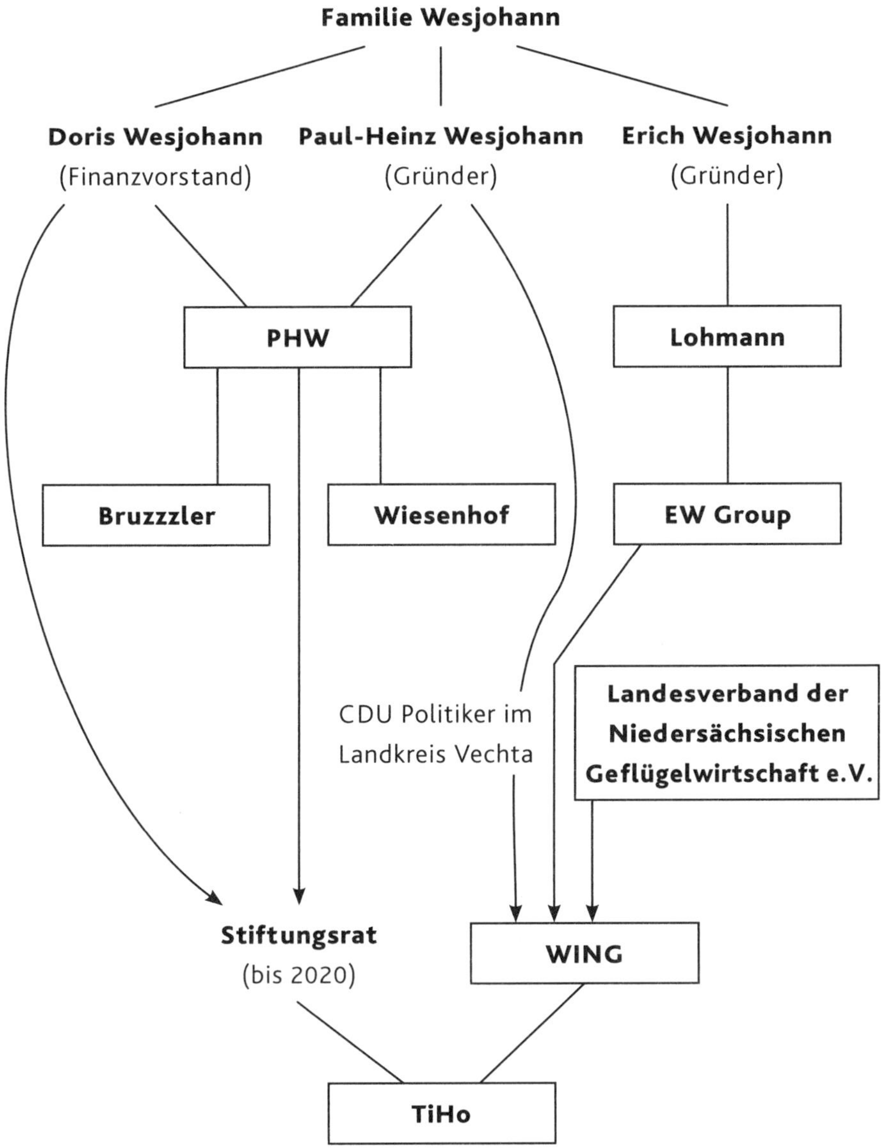
Familie Wesjohann
Doris Wesjohann
(Finanzvorstand)
Paul-Heinz Wesjohann
(Gründer)
Erich Wesjohann
(Gründer)
PHW
Lohmann
Bruzzzler
Wiesenhof
EW Group
CDU Politiker im
Landkreis Vechta
Landesverband der
Niedersächsischen
Geflügelwirtschaft e.V.
Stiftungsrat
(bis 2020)
WING
TiHo

Die Kirsche auf dem Kuchen ist der Standort Vechta. Es ist ja merkwürdig, dass eine Forschungseinrichtung der TiHo zwei Autostunden entfernt des Campus liegt. Ebenfalls in Vechta sitzt aber ein Teil von PHW, und Paul-Heinz Wesjohann selbst war dort zwanzig Jahre lang Abgeordneter des Kreistages.

Aber dabei bleibt es nicht. Ein Blick in die Publikationsliste der Geflügelwissenschaften zeigt, dass die Nähe zur Geflügelindustrie auch bei den Doktorarbeiten nahtlos weitergeht. Eine Doktorarbeit wird vom Zentralverband der deutschen Geflügelwirtschaft unterstützt,[9] eine andere von der H. Wilhelm Schaumann GmbH, einem Spezialisten für die Ernährung von Nutztieren.[10] Die Liste setzt sich fort und erhärtet den Verdacht, dass hier Optimierung für die Effizienz von privatwirtschaftlichen Geflügelunternehmen betrieben wird und keine ernstzunehmende Wissenschaft im Sinne der Tiere.

In diesen Arbeiten werden Erkrankungen von Geflügel genauer unter die Lupe genommen. Einmal die Spotty Liver Disease und einmal die Histomoniasis. Während die Spotty Liver Disease durch ein Bakterium ausgelöst wird und bei Legehennen ein massives Problem darstellt, ist die Histomoniasis auch als Schwarzkopfkrankheit bekannt, weil sie die Leber von Truthühnern zerstört und zu Schwarzverfärbungen der Köpfe führt. Beide Erkrankungen treten in großen Tierbeständen auf und führen zu erheblichem Tierleid. Sie erzeugen aber auch enorme wirtschaftliche Verluste. Und das ist eine treffende Zusammenfassung der gesamten Problematik:

An von der Wirtschaft geförderten Instituten wird die Gesundheit von Tieren so lange erforscht, wie menschliche Interessen davon abhängen. Wir bringen Tiere durch Massentierhaltung in gesundheitliche Probleme und versuchen diese dann wirtschaftsfreundlich zu lösen.

Die TiHo ist kein Einzelfall und nicht die einzige Hochschule in Deutschland, die an der Optimierung von Massentierhaltung forscht. Sie hat mit der Familie Wesjohann und dem NGW nur den einflussreichsten Geldgeber. Dadurch kann sie mehr für die Massentierhaltung tun und bedeckt dies nur durch eine hauchzarte Schicht Tierschutz durch Begriffe wie Tierwohl. An der TiHo gibt es direkt mehrere Projekte, die Tierwohl nur im Namen tragen, etwa das MulTiViS (Multivariate Bewertung des Tierwohls durch integrative Datenerfassung und Validierung von Tierwohlindikatoren in Schweinebeständen) oder das NaTiMon (Nationales Tierwohl-Monitoring). Es wird sehr viel an der Optimierung von Massentierhaltung geforscht und viel weniger an Tierschutzmaßnahmen.

Früh übt sich

Weshalb machen so viele Menschen in der Tiermedizin bei der Optimierung und Effizienzsteigerung von Massentierhaltung mit? Wenig verwunderlich, wenn wir die Entwicklung der Tiermedizin noch einmal zusammenfassen:

- Die Tiermedizin wurde eingerichtet, um tierische Lebensmittel für den Menschen sicherer zu machen.
- Tiermedizinische Hochschulen forschen für die Nutztierwirtschaft.
- Doch jetzt gibt es eine neue Generation von Studierenden, die damit nichts zu tun haben will.

Wir widmen uns gleich dem positiven dritten Punkt, aber vorerst müssen wir uns mit dem dunklen Feld der Abstumpfung befassen.

Mein Schweineprofessor war, wie bereits geschrieben, ein großer Fan davon, uns Studierende wissen zu lassen, wer den Laden am Laufen hält: die

Tierärzte im Dienste der großen Nutztierbetriebe. Er war ganz offensichtlich davon überzeugt, dass die Massentierhaltung in Ordnung wäre, das war relativ leicht zu durchschauen.

Selbst die kritischsten Studierenden verlieren aber irgendwann die Perspektive für Tierleid, wenn es ihnen über Jahre hinweg als normal präsentiert wird.

Als ich in München studierte, war ich regelmäßig auf dem Versuchsgut der Uni unterwegs. Ein grüner Kittel und Gummistiefel mit Stahlkappen wirkten für mich als Arbeitsoutfit sehr befremdlich, aber man gewöhnt sich an alles. Wirklich an alles.

Wann immer im Schweinebereich Ferkel geboren wurden, wurden diese kastriert. Der besagte Schweineprofessor demonstrierte die korrekte Vorgehensweise: Er packte ein Ferkel an einem Hinterbein und steckte es kopfüber in einen Edelstahltrichter. Unten aus dem Trichter schaute der Kopf des schreienden Ferkels heraus, oben der Unterleib mit den Hoden. Nebenan war die Muttersau liegend in einem Käfig fixiert, um sie herum die restlichen Ferkel. Mit zwei Schnitten wurden die Hodensäcke des getrichterten Ferkels geöffnet, es folgte mehr Geschrei, die Hoden wurden herausgezogen, abgeschnitten, die Wunde mit Wundspray versorgt. Mit einem kurzen Schnitt wurde im Anschluss ein Großteil des Ringelschwanzes entfernt. Das Ferkel wurde wieder aus dem Trichter genommen und in den Käfig zu seinen Geschwistern und der Mutter gesteckt. Es gab keine Betäubung, keine Wundnaht.

Ich schäme mich sehr dafür, aber auch ich habe auf diese Art ein Ferkel kastriert und den Schwanz kupiert. Es hilft auch nichts, dass nur zwei Studierende sich weigerten und dass diese Barbarei bis 2020 in Deutschland legaler Standard war. Gleichzeitig denke ich nicht, dass ich empathielos war. Ich ließ mich einfach mitreißen und hinterfragte viel zu wenig.

Ferkel schreien extrem laut, wenn sie hochgehoben oder bedrängt werden. Der Professor erklärte uns, dass dies ein Abwehrmechanismus sei, der dafür sorge, dass die Muttersau ihre Ferkel nicht erdrückt, wenn diese sich ausreichend laut bemerkbar machen. Ich hinterfragte nicht, warum die Muttersau zusätzlich mit einem Stahlgitter fixiert wurde. Als ich zum ersten Mal in meinem Leben ein Ferkel hochhob, redete ich mir ein, dessen Geschrei wäre nur ein Reflex und nicht weiter relevant. Ich dachte auch, der Schwanz müsse amputiert werden, weil Schweine sonst an den Schwänzen ihrer Artgenossen nagen, bis das Gewebe abstirbt. Ich hinterfragte nicht, was die untragbaren Haltungsbedingungen mit diesem Verhalten zu tun hatten. Als ich das Ferkel nach der Kastration mit offener Wunde zurück in die Einstreu setzte, wurde mir erklärt, dass die Wunde offen besser verheile. Geschlossen entstünden leichter Entzündungen. Ich hinterfragte nicht, ob das wirklich der Grund war oder ob die Prozedur ohne abschließende Naht einfach schneller und damit günstiger vonstatten ging.

Aus heutiger Sicht ist nichts davon vertretbar, ich war damals aber sehr empfänglich für solcherlei Normalisierungen von Gewalt. Wenn der erfahrene Professor einen solchen Umgang mit Tieren begründet und selbst so vormacht, wird es schon seine Richtigkeit haben. Dieses Narrativ zog sich durch den Rest meines Studiums, bis hin zum Schlachthofpraktikum.

Wir erinnern uns an das Fleischbeschaugesetz aus dem frühen 20. Jahrhundert. 1934 wurde für alle Studierende der Veterinärmedizin zwingend ein Schlachthofpraktikum vorgeschrieben. Daran hat sich bis heute nichts geändert. Und so musste auch ich gegen Ende meines Studiums nach einem Praktikumsplatz Ausschau halten, um drei Wochen lang Rinder und

Schweine zu schlachten, das Fleisch zu begutachten und die Hygiene zu kontrollieren. Ja, genau, das Schlachten gehört offiziell zum Praktikumsinhalt. In meinem Praktikum musste ich das zum Glück nicht selbst tun, immerhin so viel Zugeständnis an die Studierenden gab es.

Die Regeln des Praktikums schreiben eine gewisse Stundenzahl und Menge geschlachteter Tierarten vor. Damit das in drei Wochen erfüllt werden kann, benötigt man einen mindestens mittelgroßen Schlachthof, da die kleinen nicht jeden Tag schlachten und auch immer weniger werden. Schlachthöfe mittlerer Größe gibt es in Deutschland jedoch auch kaum noch, nur die riesigen Unternehmen florieren. In einem solchen landete ich und musste dort eine Verschwiegenheitserklärung unterschreiben. Daher werde ich hier nicht auf Details eingehen, sondern allgemein die Erfahrungen in einem Schlachthof beschreiben.

Der Schlachthof, an dem ich mein Praktikum absolvierte, schlachtet 23 Stunden am Tag. In der 24. Stunde wird gereinigt, dann geht es wieder von vorne los. Die Effizienz, deren Verbesserung wir vom 19. Jahrhundert aus verfolgt haben, erreicht in einem solchen Betrieb ihren blutigen Höhepunkt.

Betrachtet man einen Schlachthof unter dem Tierschutzaspekt, unterteilt er sich in zwei Bereiche: einen, in dem die Tiere angeliefert, ausgeladen und zur Schlachtung geführt werden – der Bereich also, in dem die Tiere geschützt werden müssen – und den anderen, der alle Prozesse nach der Schlachtung umfasst. Da ist der Tierschutz dann ziemlich egal. Im ersten Bereich habe ich einen halben Tag verbracht, der gesamte Rest des Praktikums hatte mit der Kontrolle der toten Tiere zu tun.

Dabei sind Tierärztinnen gerade an großen Schlachthöfen dafür zuständig, für die Belange der Tiere einzutreten. Wenn die Tiere im Akkord geschlachtet werden, ist es umso wichtiger, dass jemand auf die Regeln achtet. Schweine beispielsweise werden in großen Lastwagen angeliefert und in einem Wartebereich abgeladen. Dieser läuft trichterförmig auf die Schlachtung zu, damit am Ende ein Tier nach dem anderen erst mit einer Elektrozange oder einer Kohlenstoffdioxidbegasung betäubt, anschließend ausgeblutet und damit getötet werden kann. Ein geordnetes, effizientes System – wenn da nicht die Angst der Schweine wäre. Denn in den Ankunftshallen ist es enorm laut, von hinten werden die Tiere von Treibern mit Brettern nach vorne gedrängt, dort sollen sie sich dann vereinzeln, also einzeln zur Schlachtung antreten. Da ist es nicht unüblich, dass es zu Staus kommt und die Treiber rabiater werden oder zum Elektroschocker greifen. Der nennt sich hier »Viehtreiber«, und sein Einsatz ist genau reguliert: Geschockt werden dürfen Tiere, »die die Fortbewegung in den Bereich der Vereinzelung vor oder während des unmittelbaren Zutriebs zur Fixationseinrichtung verweigern.«[11] Bedeutet: Wo gebummelt wird, darf geschockt werden. Allerdings nur an bestimmten Körperstellen und nicht dauerhaft, und es gehört zu den Aufgaben der Tierärztin am Schlachthof, sicherzustellen, dass Schweine beispielsweise nicht ins Gesicht geschockt werden.

Aber klappt das auch?

Ich hatte bereits gesagt, dass ich vor Antritt des Praktikums eine Verschwiegenheitsklausel unterschreiben musste. Auch das habe ich nicht hinterfragt, da ohne das Praktikum ein Abschluss des Studiums unmöglich war und ist. Glücklicherweise müssen wir aber nicht auf meine Erfahrungen zurückgreifen, sondern können uns mit wissenschaftlichen Untersuchungen behelfen.

In einer Studie aus dem Jahr 2006 wurden Studierende zu ihren Erfahrungen während des Schlachthofpraktikums befragt.[12] »Die Praktikanten stellten in 85,6 Prozent der 90 frequentierten Schlachtbetriebe bzw. 64,8 Prozent der Erhebungen zumeist mehrere Tierschutzprobleme fest. [...]

Die meisten Anmerkungen betrafen die Kategorien ›Entladen‹ und ›Zutrieb‹. Hier wurden bspw. ›viele elektrische Treibmittel, Schläge, Tritte (auch in empfindl. Gebiete)‹ genannt.«

Weiter steht in der Untersuchung: »In einer Erhebung wurde in einem Kommentar ein Schlachthofmitarbeiter von dem Studierenden wie folgt zitiert: ›Tierschutzrechtlich kann man nichts machen, weil man sonst als Schlachthofmitarbeiter verprügelt wird.‹ Eine Maßnahme führte nicht immer zum gewünschten Resultat [...]. So schlachtete das Schlachtbetriebspersonal vom amtlichen Tierarzt zurückgewiesene Tiere ›heimlich trotzdem‹.«

Beispielsweise dürfen keine trächtigen Tiere geschlachtet werden, das Schlachthofpersonal muss sie zurückweisen. Illegalerweise wurden jedoch laut den wissenschaftlichen Untersuchungen in 77,9 Prozent der Betriebe tragende Kühe geschlachtet. In 10,5 Prozent der Fälle zeigten die Feten nach der Schlachtung noch Lebenszeichen.

Diese Berichte sind erschreckend und zeigen, dass Effizienz und Massenabfertigung weit über dem Tierwohl stehen, sofern man denn an einem Schlachthof überhaupt von so etwas sprechen kann.

Die Schlachthöfe selbst sehen das derweil anders und werben ganz klar mit dem Begriff Tierwohl. Westfleisch beispielsweise rief 2013 die Aktion Tierwohl ins Leben. Damit wurde eine besonders tierfreundliche Güteklasse für Schweinefleisch beworben. Immerhin mussten die teilnehmenden Betriebe das Tierwohl durch Auflagen wie pro Bucht zwei veränderliche Beschäftigungsmaterialien und ein absolutes Rauchverbot im Stall fördern. So sarkastisch kann ich gar nicht schreiben, dass Sie sich meinen Gesichtsausdruck bei diesen »Maßnahmen« vorstellen können. In einem Zeitungsartikel zum Thema zeigen ein Schweinebauer und sein Sohn stolz ihre Veränderungen. Dieser Artikel wird mit einer Sau illustriert, die völlig eingeengt in einem Abferkelkasten fixiert wird.[13] Kann man sich nicht ausdenken, dass mit solchen Bildern Tierwohl vermittelt werden sollte.

Zurück zum Schlachthof: Nach der Schlachtung zerteilt man Schweine in Hälften, die an die Haken eines Fließbandes gehängt werden. Dieses Band bewegt sich stetig fort, und die Aufgabe von Tierärztinnen ist es, die vorbeifahrenden Tiere zu untersuchen. Hier werden dann die Lymphknoten gesichtet, Proben für die Trichinenuntersuchung genommen und so weiter.

Für die gesamte Untersuchung hatte man früher 120 Sekunden Zeit, mittlerweile sind es pro Schweinehälfte zwischen 20 und 39 Sekunden. Dann kommt die nächste Hälfte angefahren. In gleicher Taktung wird nämlich geschlachtet, das erklärt den Drang nach Effizienz.

Die Untersuchung von 2006 liegt zwar viele Jahre zurück, spiegelt sich aber in einer aktuellen Studie wider. Mit der älteren Untersuchung habe ich eingeleitet, um zu zeigen, dass es in all den Jahren keine Verbesserung gab. In der 2023er Untersuchung wurden 380 Studierende zu ihren Erfahrungen im Schlachthofpraktikum befragt.[14] Diese erneute Untersuchung ist explizit entstanden, weil heutzutage zu wenige Absolventinnen in der Schlachthofkontrolle arbeiten wollen. »Vor dem Hintergrund eines drohenden Nachwuchsmangels in der amtlichen Schlachttier- und Fleischuntersuchung wurde mit einer Umfrage unter Veterinärmedizinstudierenden deren Berufsperspektive für diesen Bereich erörtert.«

Bei den Ergebnissen wundert mich das mangelnde Interesse kaum, denn neben den bereits bekannten Verstößen gegen den Tierschutz gab es regelmäßig Übergriffe gegenüber den Studierenden:

»Beispiele von sexualisierten Handlungen waren Bemerkungen oder Kommentare, z.B. ›Mäuschen‹, sexuelle Gesten oder Verfolgungen bis vor die Toilette.«

»[...] alleine auf Toilette gehen war aufgrund der Annäherungsversuche des Bandpersonals quasi unmöglich, wurde uns auch von abgeraten von Tierärzten. Wurden teilweise alleine in der Zerlegung stehen gelassen mit den Worten ›bleibt genau hier stehen, da hinten würde ich als Frau nicht unbedingt alleine hin gehen‹.«

»Ich wurde mit Ohrmarken beworfen, mir wurde ein Auge in die Hand gedrückt mit dem Kommentar, ›damit man immer ein Auge auf mich hat‹.«

Die Untersuchung führt all diese Ereignisse auf, kommt aber zu dem Schluss, dass Tierärztinnen an Schlachthöfen dringend nötig seien, da sich sonst niemand mehr für die Tiere einsetze. Außerdem ist bemerkenswert, dass das Fazit der Studierenden zu ihren Schlachthofpraktika überwiegend positiv ausfiel. Dafür fallen mir zwei Erklärungen ein: Zum einen könnten die Studierenden so gut auf die Schwierigkeiten des Schlachthofpraktikums vorbereitet worden sein, dass sie mit einer realistischen Erwartungshaltung und einer gefestigten Einstellung angetreten sind. Dagegen spricht, dass es an den Hochschulen laut Berichten von Studierenden auch heute keine adäquate Vorbereitung gibt. Im Gegenteil, in Gießen fällt in einer Vorlesung zu Fleischhygiene jedes Jahr der Satz: »Ihr müsst im Schlachthof euren Feminismus runterschlucken.«

Natürlich hat die berechtigte Sorge vor sexuellen Übergriffen nichts mit Feminismus zu tun, aber dieser misogyne und ganz generell menschenverachtende Satz steht symptomatisch für die Einstellung zum Schlachthofpraktikum: Stellt euch nicht so an. Wenn einem von Personen in einer Machtposition lange genug gesagt wird, dass die Zustände normal seien und dass man da einfach durchmüsse, dann glaubt man das irgendwann.

Ist das für Sie schwer zu akzeptieren? Dann führen Sie sich vor Augen, dass ein vergleichbarer Mechanismus seit Jahrzehnten für uns alle sichtbar abläuft:

Werbung von Interessenverbänden suggeriert uns, dass nur glückliche Tiere auf unseren Tellern landen.

Die Milka-Kuh ist nicht nur lila, sondern immer sauber und bei bestem Wetter im Alpenpanorama zu sehen. Aber auch Kühe aus Werbespots werden geschlachtet, wie alle ihre anderen Artgenossinnen. Bis auf »Schwalbe«, eine Werbekuh aus den 1990er-Jahren. Als bekannt wurde, dass diese geschlachtet werden sollte, hagelte es empörte Briefe – die Kuh erhielt daraufhin ab 1991 ein Gnadenbrot.[15] Bis sie zwei Jahre später trotzdem getötet wurde.

Es bleibt nicht bei der beliebten lila Kuh. Alle Rinder in Werbespots sind auf grünen Wiesen, vorzugsweise im Gebirge unterwegs, sie wirken immer sauber und zufrieden. Die Wurst, die Kinder in der Metzgerei klassisch als Nettigkeit gereicht bekommen, ist eine Bärchenwurst, denn grade für Kinder ist es wichtig, die Herkunft des Fleisches vom sichtbaren Produkt zu entkoppeln. Totes Tier ist nicht sonderlich appetitanregend. Eine Scheibe »irgendwas« in Bärchenform hingegen sehr. Deshalb ist das Schwein im Logo von Metzgereien auch stets gut drauf und wirkt beinahe euphorisch über die Verwurstung im eigenen Darm.

Und wenn wir das Segment Lebensmittel kurz verlassen, sehen wir, dass sich süße Tiere eignen, um auch unappetitliche Produkte komplett entkoppelt vom eigentlichen Nutzen zu bewerben. Deshalb sind auf Klopapierpackungen häufig Hundewelpen abgebildet, oder der Charmin-Bär zeigt uns, wie flauschig sein Produkt ist. Mit dem eigentlichen Nutzen von Klopapier haben Hundewelpen (hoffentlich) wenig zu tun.

Die Beispiele lassen sich immer weiterführen, es läuft einfach darauf hinaus, dass wir Menschen sehr empfänglich dafür sind, positive Botschaften zu verinnerlichen, wenn wir die negativen ohnehin gerne verdrängen möchten.

Die moderne Version dieser Beschönigung sind Maßnahmen, die Tieren in Massentierhaltung ein besseres Leben ermöglichen sollen.

Das Tierwohl-Label – ein Siegel, dass die Haltungsformen offenlegt, aber viele Grausamkeiten verschleiert – ist der neueste Kniff in der Beschönigung von Massentierhaltung. Es geht auf die Initiative Tierwohl zurück, einen Zusammenschluss der Landwirtschaft, Fleischwirtschaft und der Lebensmittelketten Aldi Nord/Süd, Edeka/Netto, Kaufland/Lidl, Rewe/Penny. Und es verfolgt die Argumentation: »Wir werden Tiere vorerst weiter in Massenbetrieben halten müssen, also geben wir ihnen wenigstens einen halben Quadratmeter mehr. Entscheidet ihr mal, ob es euch das wert ist.«

In diesem Marketingtrick steckt die Quintessenz des Tierwohl-Paradoxes auf gesellschaftlicher Ebene. Wir alle schätzen uns als Tierfreunde ein. Die meisten Menschen konsumieren aber weiter tierische Produkte, wie Fleisch, Milch und Eier. Das passt nicht zusammen und löst eine **kognitive Dissonanz** aus. Damit wird der gedankliche und emotionale Krampf beschrieben, wenn die eigene Einstellung mit dem gelebten Verhalten nicht zusammenpasst. Da eine Abkehr von tierischen Produkten für die Tierindustrie gar nicht erstrebenswert ist, werden uns regelmäßig Auswege angeboten. Man kann ja ruhig ein wenig Fleisch essen, wenn es doch eine gute Klassifizierung im Tierwohl-Label hat. Man kann ja Eier essen, wenn sie bio sind. Dass die Haltungsweisen, unter denen die Tiere massiv leiden, gar nicht angegangen werden, spielt für die Auflösung der kognitiven Dissonanz keine Rolle.

Tierwohl-Label
am Beispiel Hühnermast

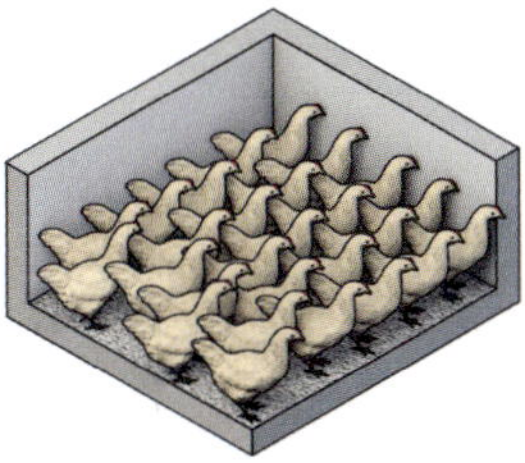

1. Stufe
Platz: ≈ 27 Tiere / m^2
Haltung: Stallhaltung
Beschäftigung: Einstreu

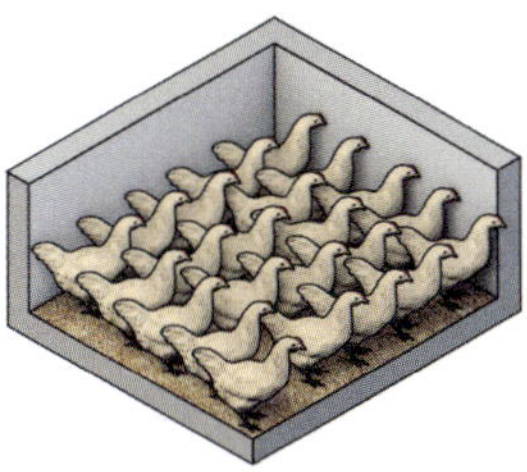

2. Stufe
Platz: ≈ 23 Tiere / m^2
Haltung: Stallhaltung
Beschäftigung: Stroh oder Picksteine

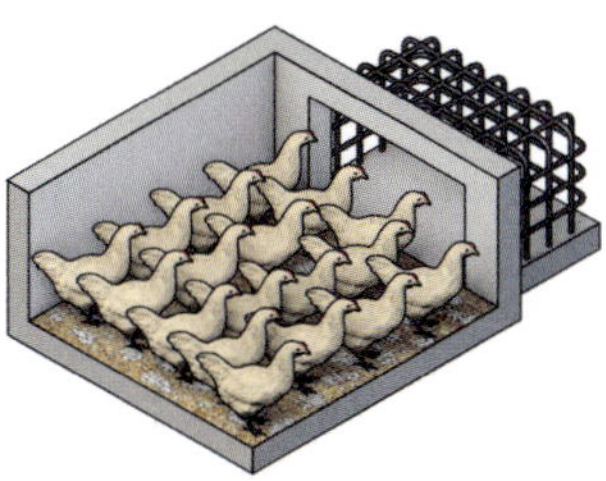

3. Stufe
Platz: ≈ 17 bis 20 Tiere / m^2
Haltung: Stallhaltung mit Außenklimabereich
Beschäftigung: 2 organische Materialien / 150 m^2 (Stroh o. Picksteine)

4. Stufe
Platz: ≈ 14 Tiere / m^2
Haltung: Stallhaltung mit Auslauf (⅓ des Lebens)
Beschäftigung: Zusätzlich Stroh, Holzspäne, Sand oder Torf (⅓ der Fläche)

Exkurs: Kognitive Dissonanz kickt anders

Ah, die kognitive Dissonanz. Der Grundbaustein so vieler Entscheidungen und daher einen Exkurs wert.

Kognitive Dissonanz beschreibt einen unangenehmen Zustand, in dem miteinander unvereinbare Zustände herrschen. Die Zustände werden als Kognitionen bezeichnet, die Dissonanzen, also innere Konflikte, auslösen. In der Fabel »Der Fuchs und die Trauben« hat ein Fuchs Appetit auf Trauben an einem Baum. Leider hängen die Trauben so hoch, dass er nicht drankommt. Der Fuchs sagt sich also, dass die Trauben eh sauer seien und geht. Das unangenehme Gefühl wurde dadurch aufgelöst, dass der Fuchs die Trauben schlechtredet. Wie in allen guten Fabeln können wir hier über das dumme Tier lachen, bis wir die menschlichen Züge erkennen. Ein aktuelleres und näheres Beispiel gefällig? Wenn man eine Person gut findet, all seinen Mut zusammennimmt, um nach einem Date zu fragen und dann abgewiesen wird, schmerzt das. Hand hoch, wer sich die Person in so einer Situation noch nie schlechtgeredet hat. Das reicht von der Zuschreibung von Arroganz bis zu irgendwelchen Äußerlichkeiten, die einem nicht gepasst haben. Ich vermute einfach mal, dass hier niemand aufzeigt.

In unserem Umgang mit tierischen Lebensmitteln trifft uns die kognitive Dissonanz ganz besonders stark. Der Wunsch nach Tierwohl und der Wunsch nach tierischen Lebensmitteln sind unvereinbar. Um das daraus resultierende negative Gefühl abzuschwächen, können wir verschiedene Brücken bauen. Man startet vielleicht mit einem »Ach, Tiere empfinden ja bestimmt weniger Schmerz. Also Schweine schon, aber zumindest Hühner nicht. Na ja, oder Fische, die auf jeden Fall!«

Dann informiert man sich weiter und stellt fest, dass dieses Argument so gar nicht greift und empfindet noch mehr kognitive Dissonanz. Man könnte jetzt einlenken und auf tierische Lebensmittel verzichten. Oder aber man findet bessere Gegenargumente. Wie wäre es mit:

»Tja, das ist halt natürlich, dass wir Fleisch essen, haben wir ja schon immer so gemacht.«

Ah, angenehme Stille im Kopf. Bis man sich mit Massentierhaltung und Schlachthöfen auseinandersetzt. Dann funktioniert auch dieses Argument nicht mehr. Man könnte jetzt einlenken. Oder aber wir finden doch noch ein gutes Argument. Wie wäre es mit:

»Ja, immer diese Veganer, die wollen mir mein Schnitzel wegnehmen, und Verbote haben noch nie funktioniert, und außerdem ist mein Schnitzel bio, und diese Veganer, also die sind doch eh arrogant, und warum nennen die ihr Essen denn dann trotzdem Wurst?!«

Hier wird die kognitive Dissonanz durch ein Feindbild aufgelöst. Sozusagen die letzte Rettung, wenn alle anderen Argumente vor dem inneren Gericht abgewiesen wurden.

Was ich mit diesem Exkurs vor allem verdeutlichen möchte, ist die Notwendigkeit von Mitgefühl. Ja klar, den Tieren gegenüber sowieso, aber auch den Menschen gegenüber. Kognitive Dissonanz aufzulösen ist unterschiedlich schwer, je nachdem wie tief verankert Glaubenssätze sind. Meiner Erfahrung nach hilft hier vorleben und schrittweise aufklären.

Die Industrie simuliert ein Zugeständnis an die Tiere. Hartplastikbälle als Spielzeuge für Schweine sollen die Umgebung interessanter gestalten, und der Betrieb nimmt es auf sich, dass die Reinigung des Stalls dadurch minimal erschwert wird. Das ist aber kein Zugeständnis, weil es den Spieltrieb der neugierigen Tiere nicht mal ansatzweise befriedigt. Das Mehr an Platz pro Tier schmälert den Gewinn. Das ist ebenfalls kein Zugeständnis, da es so wenig mehr Platz ist, dass die Besserung lächerlich wirkt. In der besten Haltungsform hat ein Schwein mit etwa einem Meter Schulterhöhe rund 2,3 Quadratmeter Fläche zur Verfügung. Ein Hund mit einer Schulterhöhe ab nur 65 Zentimeter muss bei Zwingerhaltung mindestens 10 Quadratmeter Platz haben. Und der Hund muss im Gegensatz zum Schwein auch noch geregelten Freilauf haben. Aber ein guter Kompromiss tut ja beiden Seiten weh.

Das Tierwohl-Label ist Teil des Problems, denn es lenkt den Blick weg von den Missständen und verkauft minimale Eingeständnisse an die Haltung der Tiere als … naja Tierwohl.

Die Werbeversprechen des Tierwohl-Labels unterstellen, dass Konsumierende »mit dem Geldbeutel entscheiden«. Wer Fleisch aus einer besseren Haltungsform kauft, sendet ein Signal, dass gesellschaftlich mehr Tierwohl erwünscht ist. Immerhin erhält das Schwein aus dem Tierwohl-Label ja ein wenig mehr Platz. Und wenn sich genug Menschen für das »bessere« Fleisch entscheiden, gibt es noch mehr Platz fürs Schwein, und dann irgendwann … Ja, was denn dann? Was ist das Ziel der Bemühungen? Dass Schweine irgendwann in kleinen Gruppen unter für sie optimalen Bedingungen gehalten werden?

Wir haben sehr viel Arbeit in die Optimierung und Effizienzsteigerung von Massentierhaltung gesteckt, um den Gewinn zu optimieren und Bedarf zu decken. Es gibt keinen Weg zurück zu einer Kleingruppenhaltung …

... und damit bleibt hier der Wunsch der Vater des Gedanken. Oder man nennt es Verblendung der Konsumierenden, das trifft es auch.

Es wäre zu einfach zu behaupten, dass hier die Interessen einiger Großkonzerne auf desinteressierte Politiker:innen treffen und beide gemeinsam die armen Konsumierenden hinters Licht führen. Wirtschaftliche Interessen stehen natürlich im Vordergrund, aber ich unterstelle zumindest einigen der Entscheider:innen, dass ihnen wirklich etwas an den Tieren liegt und sie das Tierwohl-Label tatsächlich als einen Fortschritt betrachten.

Traurigerweise wird das durch das Rational der Tiermedizin noch unterstützt: Wir können das System Massentierhaltung nicht ändern, also ist es an uns, Kompromisse zu finden. Wenn wir nicht in der Massentierhaltung arbeiten und dort für vermeintliches Tierwohl eintreten, wer tut es dann?

Dieser Argumentation folgte ich auch während meines Studiums. Dennoch hat mich mein eigenes Schlachthofpraktikum gebrochen.

Ich kam jeden Tag nach Hause und versuchte vergeblich, mir den Geruch von Blut unter der Dusche abzuwaschen. Den Rest des Tages weinte ich, bis es am nächsten Tag von vorne losging. Eine Konsequenz daraus zog ich aber nicht, zu tief saßen die Legitimationen aus den Vorlesungen. Das Praktikum abzubrechen stand sowieso nicht zur Debatte, das hätte auch mein Studium beendet. Ich habe aber nicht einmal kritische Fragen bei den Aufsichtsbehörden gestellt. Es hat Jahre gedauert, bis ich begann, das Erlebte aufzuarbeiten und zu reflektieren. Nach einer sechsmonatigen veganen Phase direkt nach dem Praktikum fing ich sogar wieder an Fleisch zu essen. Dabei achtete ich mehr auf die Herkunft, aber mit absoluter Inkonsequenz. Denn im Schlachthof hatte ich genau erlebt, wie Tiere aus Bio-Haltung geschlachtet werden. Da dieses Fleisch separat von konventionell erzeugtem Fleisch geschlachtet werden muss, werden Zeiten festgelegt, in denen alle Bio-Tiere hintereinander weg angeliefert und geschlachtet werden. Um den Unterschied zu signalisieren, leuchtet in dieser Zeit eine grüne Lampe (kann man sich nicht ausdenken, so etwas). Ansonsten ist alles völlig identisch. Das gleiche Personal schlachtet mit den gleichen Methoden und an den gleichen Geräten. Der einzige Unterschied: Am Ende erhält das Produkt ein Bio-Siegel.

Obwohl ich das alles miterlebt habe, gelang es mir erst mit intensiver Aufarbeitung in einer Psychotherapie, die einzig logische Konsequenz zu ziehen und dauerhaft kein Fleisch mehr zu essen.

Ich habe großen Respekt vor den Tierärztinnen, die heute an Schlachthöfen tätig sind und sich trotz aller wirtschaftlichen Zwänge und des Leistungsdrucks für die Schlachttiere einsetzen. Denn ja, davon gibt es einige. Sie kämpfen täglich für die letzte Würde der Schlachttiere, indem sie sich zwischen die Tiere und die rein wirtschaftlichen Interessen der anderen Schlachthofmitarbeiter stellen. Teilweise wortwörtlich. Damit versuchen sie einen Spagat zwischen den Anforderungen ihres Arbeitgebers und ihrer Berufung als Schützer der Tiere. Dieser Spagat ist sogar in unserem Ethik-Kodex festgehalten. Der ist nicht verbindlich (wir schwören nicht mit erhobener Hand darauf oder so), aber soll die Basis unseres Handelns bilden.

Darin steht unter Punkt eins: »Wir Tierärztinnen und Tierärzte dienen dem Allgemeinwohl und verpflichten uns, mit unseren fachlichen Kenntnissen und Fähigkeiten in besonderer Weise zum Schutz und zur Sicherung der Gesundheit und des Wohlbefindens der Tiere beizutragen, vertreten die Interessen der Tiere gegenüber der Gesellschaft, Politik, Wirtschaft und Wissenschaft, zeigen Missstände auf und helfen sie zu beseitigen, stellen uns Interessens- und Zielkonflikten mit verantwortungsvollem Abwägen der konkurrierenden Standpunkte und Ziele und berücksichtigen dabei vorrangig die Bedürfnisse der Tiere, setzen uns dafür ein, die Menschen vor Gesundheitsgefahren zu schützen, die von Tieren und von Produkten tierischer Herkunft ausgehen, fördern den wissenschaftlichen Fortschritt auf allen Gebieten der Medizin und der Biowissenschaften und unterstützen die Erforschung, Entwicklung und Anwendung von Alternativen zu Tierversuchen, berücksichtigen im Sinne einer nachhaltigen Entwicklung die ökologischen, ökonomischen und sozialen Folgen unseres Handelns.«[16]

Hui, nicht sehr handlich, obwohl das nur Punkt eins von fünf war. Ich fasse kurz zusammen: Im ersten Punkt unseres Ethik-Kodex ist festgehalten, dass wir uns für Tiere einsetzen, die Menschen vor Gefahren durch tierische Lebensmittel schützen und bei jeder Handlung ökonomische Folgen beachten.

Alles gleichwertige Punkte.

An diesem Spagat würde selbst Van Damme persönlich scheitern. Dennoch stellen sich Tierärztinnen dieser Aufgabe. Und damit verlassen wir das Tal der Tränen und widmen uns der versprochenen Hoffnung.

WEGE AUS DEM FILZ

Zuvor haben wir unseren Blick vor allem auf die Verstrickungen zwischen der Tiermedizin und wirtschaftlichen Interessen an Tieren geworfen. Wenn wir für einen Moment von der Tiermedizin auf die Gesamtgesellschaft herauszoomen, stellen wir fest, dass Tierschutz zumindest hierzulande auf dem Vormarsch ist. Ganz ohne wirtschaftliche Interessen ernähren sich immer mehr Menschen vegetarisch oder vegan.

Laut dem Robert Koch-Institut ernährten sich im Jahr 2016 4,3 Prozent der Bevölkerung in Deutschland üblicherweise vegetarisch.[1] Diese Zahl ist laut Bundesministerium für Ernährung und Landwirtschaft im Jahr 2022 auf 7 Prozent gestiegen.[2] 1 Prozent ernährten sich sogar vegan. Richtig interessant ist aber die Zahl der Flexitarier, also Menschen, die bewusst wenig Fleisch essen. 44 Prozent der Befragten waren 2022 Flexitarier, und zwar aus Sorge um den Tierschutz. »71 Prozent aller Befragten, die schon einmal ein veganes oder vegetarisches Produkt gekauft haben, gaben an, dies aus Tierschutzgründen zu tun.«

In der aktuellsten Untersuchung ist die Zahl der Vegetarier:innen noch mal deutlich gestiegen: 2023 ernährten sich 10 Prozent der Befragten vegetarisch.[3]

Von 4,3 Prozent auf 10 Prozent in acht Jahren! So steil war die Wachstumskurve der vegetarischen Ernährung noch nie.

Repräsentative Zahlen dieser Art sind für mich sehr wichtig, denn mir ist völlig bewusst, dass ich in einer Bubble lebe. Ich äußere meine Ansichten zu Tierschutz sehr häufig öffentlich, sei es auf YouTube, Instagram, im Fernsehen oder in Zeitungen. Überall, wo mir Menschen zuhören, rede ich über Tierschutz, und das drängt mich in eine Echokammer: Gerade auf Social Media wird einem die eigene Meinung oft gespiegelt, denn meine Inhalte werden von den Algorithmen der Plattformen vor allem an diejenigen ausgespielt, die ähnliche Ansichten haben. Auch wenn ich aktiv versuche, andersdenkende Menschen zu erreichen, werde ich mich nicht ganz aus der Echokammer Tierschutzbubble befreien können. Das führt zwangsläufig zu einer verzerrten Wahrnehmung. Zahlen, Daten und Fakten helfen, die eigene Wahrnehmung wieder gerade zu rücken. Besonders den Aspekt der bewussten Auseinandersetzung mit tierleidfreier Ernährung – also die Befragung der Flexitarier aus der Untersuchung des Robert Koch-Instituts – finde ich spannend. Hand hoch, wer selbst Flexitarier ist. (Gut, dass dieses Buch nicht sonderlich schwer ist, versuchen Sie mal einen Stephen-King-Roman in einer Hand zu halten!)

Das Robert Koch-Institut schreibt dazu: »Gesellschaftspolitisch werden einer vegetarischen Lebensweise häufig positive Auswirkungen zugeschrieben. Sie kann unter anderem über die Reduzierung der Massentierhaltung dazu beitragen, die Umwelt zu schonen. Auch aus **Public-Health**-Sicht wird eine Verringerung des Fleischkonsums für Deutschland als sinnvoll erachtet, da dieser momentan erheblich über der Empfehlung der Deutschen Gesellschaft für Ernährung liegt. Diese positiven Effekte würden weiter verstärkt, wenn neben der relativ kleinen Gruppe der Menschen, die ganz auf Fleisch verzichten, eine insgesamt größere Bevölkerungsgruppe ihren Fleischkonsum reduzieren würde.«

Und genau diesen Ansatz vertrete ich – dass es schon hilft, wenn mehr Menschen öfter auf Fleisch verzichten. Auch wenn ich mich damit bei einem Teil der Tierschutzbubble unbeliebt mache.

Ich halte es für unrealistisch und nicht zielführend, zu verlangen, dass sich alle Menschen vegan ernähren. Aber ich halte es für sehr realistisch, mehr Menschen aufzuklären und sie zum Umdenken zu bewegen.

In meinem direkten Bekanntenkreis gibt es einen Herrn jenseits der 60, der klassisch jeden Tag Fleisch gegessen hat (ich bemühe mich hier sehr, seine Anonymität zu wahren).

»Was esse ich denn sonst als Hauptspeise?«, so begründete er seine Ernährungsgewohnheiten. Ich vermute mal, Sie haben so etwas in Ihrem Bekanntenkreis auch schon gehört.

Ich versuche niemanden zu bekehren, aber der Herr bekam meinen Wandel mit. Und er erkannte irgendwann, dass Salami auf dem abendlichen Brot ja auch Fleisch ist. Und er gab schließlich zu: »Das muss ja nicht sein. Käse schmeckt ja auch.« Und fortan ersetzte er die Wurst immer öfter durch Käse.

Nun kann man argumentieren, dass Kühe auch für die Milchproduktion leiden: durch die Haltungsbedingungen, durch die Trennung von ihren Kälbern und durch die körperliche Belastung durch die ständigen Schwangerschaften, um den Milchfluss am Laufen zu halten (die absurde Milchleistung moderner Kühe hatte ich ja bereits erwähnt). Ist der Ersatz des einen Tierleidprodukts durch ein anderes also wirklich die bessere Wahl?

Ich denke ja. Es geht darum, den Stellenwert von Fleisch zu mindern. Dieser Schritt weg von der Salami war ein absoluter Meilenstein für diesen Herrn, bald tauschte er auch die Milch im Kaffee aus. Und Hafermilch ist wirklich die beste Einstiegsdroge in die Welt der sogenannten Ersatzprodukte. Der erwähnte Herr und ich haben das mit einem Test der verschiedenen Hafermilchprodukte auf dem Markt zelebriert. Heute »schmeckt Kuhmilch ganz komisch«, sagt er.

Als Nächstes steht die Frage an, wie der Herr einen Sonntag komplett ohne tierische Produkte übersteht. Ich arbeite daran und werde berichten.

Wodurch beschleunigt sich der Wandel zur tierfreundlichen Lebensweise?

Durch Bildung.

»Mit zunehmender Bildung ernährt sich ein höherer Anteil von Personen üblicherweise vegetarisch«, heißt es im Bericht des Robert Koch-Instituts.

Und wer klärt über Tierleid auf? Sind es die Tierärztinnen?

Nein. Wir sind zu sehr damit beschäftigt, die ökonomischen Folgen unseres Handelns zu beachten – das steht ja in unserem Ethik-Kodex.

Fokus Wirtschaftlichkeit

Dass sich Tierschutz nicht mit Wirtschaftlichkeit vereinen lässt, wird in meinen Augen beim **Netzwerk Fokus Tierwohl** besonders deutlich. Ein griffiger Titel, und weil die deutsche Sprache üblicherweise viel präziser ist, natürlich nur eine Kurzform. Der vollständige Name des Projekts lautet: »Fortschritte mit Kompetenz und Spezialwissen für eine tierwohlgerechte, umweltschonende und nachhaltige Nutztierhaltung«.

Das Netzwerk ist ein großes Projekt verschiedener Bundesländer und Teil des Bundesprogramms Nutztierhaltung. Der Titel gibt die Richtung vor: Es geht um eine tierwohlgerechte Nutztierhaltung.

Oder nicht?

In der offiziellen Beschreibung der Bundesanstalt für Landwirtschaft und Ernährung wird das Projekt wie folgt umrissen: »Das Netzwerk Fokus

Tierwohl ist eingebettet in das Bundesprogramm Nutztierhaltung und wurde gegründet, um Tierhalter in Deutschland nachhaltig zu stärken und sie dabei zu unterstützen, Tier- und Umweltschutz, Qualität bei der Produktion sowie Marktorientierung zu priorisieren.«[4]

Hier finden sich wieder Tierschutz und Marktorientierung in einem Satz. Passend dazu wird das Projekt und die finanziellen Mittel von 12 Millionen Euro für aktuell drei Jahre vom Verband der Landwirtschaftskammern e. V. koordiniert. Ein Tierschutzprojekt unter Leitung eines Wirtschaftsverbandes, das erinnert an die TiHo – und auch dort wurde nie im Sinne der Tiere gehandelt, wie wir in den letzten Kapiteln gelernt haben. Aber gut, schauen wir mal, was an Inhalten geliefert wird, und fangen mit den Schweinen an, denn immerhin ist die Leiterin des Projekts eine Fachtierärztin für Schweine.

Ich habe bereits beschrieben, dass Ferkeln die Schwänze abgeschnitten werden, damit sie sich diese nicht gegenseitig abnagen; der Fachbegriff dafür lautet **Caudophagie.** Innerhalb des Netzwerk Fokus Tierwohl gibt es speziell für dieses Thema die AG Kupierverzicht. Sie versucht Schweinehaltern näherzubringen, wie sie ihre Haltung so verbessern, dass es nicht zu Caudophagie kommt, man also die Schwänze gar nicht erst kupieren muss. Unter Ringelschwanz.info gibt es kostenfreie Unterrichtsmaterialien, die sich an Lehrkräfte an landwirtschaftlichen Fach- und Berufsschulen richten.

Es existiert bereits viel Forschung zu den Ursachen von Caudophagie. Lässt man Schweine draußen mit viel Platz und in natürlicher Umgebung ihr Ding machen, verbringen sie den Großteil ihres Tages mit Futtersuche. Es wird gewühlt, gescharrt, und im Laufe des Tages werden 15 bis 20 Kilogramm Raufutter, vorwiegend Gras, gefressen.[5] (Falls Sie einen Blick in das Quellenverzeichnis werfen, werden Sie feststellen, dass diese spezielle Erkenntnis aus dem Jahr 1978 stammt. Sie ist damit älter als ich, also wirklich keine Neuigkeit.)

In den meisten kommerziellen Schweinehaltungen wird aber nur zweimal am Tag gefüttert. Dadurch können die Tiere nicht ihrem natürlichen Instinkt folgen, es kommt zu Frust und vor allem zu Futterkonkurrenz – beides sind die Hauptgründe einer Ersatzhandlung: dem Benagen der Schwänze konkurrierender Artgenossen (auch diese Erkenntnis ist älter als ich, wir wissen das alles schon echt lange).[6]

Die AG Kupierverzicht erklärt Schweinehaltern diesen und viele andere Zusammenhänge. Die Informationen sind fertig für den Unterricht aufbereitet und werden kostenfrei zum Download angeboten. In neun Modulen werden weitere Aspekte der Haltung beleuchtet, die einen Einfluss auf die Caudophagie haben, vom Tränkewasser bis zum Stallklima. Auch wenn mir keine Zahlen vorliegen, gehe ich davon aus, dass Maßnahmen zur Verbesserung der Haltung Schweinen direkt helfen. Aber obwohl die Intention sicher gut ist, wird wieder nur der Status quo verwaltet.

Es geht bei der Aufklärung nicht darum, Schweine aus der Haltung in großen Gruppen und auf Spaltenboden rauszuholen (das ist nicht wirtschaftlich). Oder ihnen häufiger Futter anzubieten (das ist zu teuer).

Es geht auch nicht darum, ein altes Gesetz durchzusetzen: Die EU hat seit den 1990er-Jahren das routinemäßige Kupieren von Ferkelschwänzen untersagt, wenn nicht belegt wurde, dass alles versucht wurde, um die Caudophagie zu verhindern. Die AG Kupierverzicht ist ein Zugeständnis daran, dass die Ausnahmeregelung in Deutschland zum Alltag wurde. Man verzichtet darauf, den Rechtsbruch zu verfolgen, und setzt stattdessen auf einen freiwilligen Aktionsplan. Sofortige freiwillige Selbstregulierung bei einer ohnehin rechtswidrigen Praxis erscheint aber immer noch zu drastisch. »Das Ziel des Aktionsplans ist der schrittweise Einstieg in den Kupierverzicht«, heißt es auf Ringelschwanz.info.[7]

Amtstierärztin sein ist hart

Spricht man mit Tierärzt:innen, die sich für diese Art Kuschelkurs mit Schweinehaltern einsetzen, findet man keineswegs Menschen, die rein wirtschaftliche Interessen verteidigen. Es wird argumentiert, dass man sich nur auf diese Art für die Tiere einsetzen könne. Deshalb werden die Bescheinigungen für die Schweinewirte unterschrieben, die nötig sind, um das Kupieren zu legalisieren. Das alles erinnert ein wenig an die Rechtfertigungen von Humanmedizinern, die in den USA die Todesstrafe vollstrecken. Die Gabe der Giftspritze durch Ärztinnen und Ärzte wird damit gerechtfertigt, dass nur so eine humane Tötung sichergestellt werden kann. Es brauche fachliche Expertise, um zu garantieren, dass der oder die zum Tode Verurteilte nicht unnötig leide.

Anders als in der Tiermedizin gibt es in der Humanmedizin jedoch einen hippokratischen Eid. Der gilt als Basis des ärztlichen Handelns und besagt vereinfacht gesprochen: Schade nicht. Und genau deshalb hat sich die American Medical Association gegen jede Beteiligung von Ärztinnen und Ärzten am Vollstrecken der Todesstrafe ausgesprochen. »Ärzte laufen Gefahr, ihre Verantwortung gegenüber dem Patienten mit einer Verantwortung gegenüber dem Staat zu verwechseln, wenn sie an Hinrichtungen teilnehmen«, heißt es in der Begründung.

An diesem Punkt ist ein Großteil der Tiermedizin leider noch nicht angekommen. Aber es gibt Hoffnung (ich hatte ja Hoffnung versprochen!). An vorderster Stelle ist hier die wachsende Zahl von Tierärztinnen zu nennen, deren expliziter Job der Tierschutz ist – allen voran die Amtstierärztinnen in den **Veterinärämtern.**

Sie sind zuständig für die Einhaltung geltenden Rechts und damit die Anwältinnen der Tiere, vor allem der Nutztiere. Zu ihren Aufgaben gehören Lebensmittelüberwachung, Fleischhygiene Tierseuchenbekämpfung, Arzneimittelüberwachung und Tierschutz. Sie kontrollieren alle Nutztierhaltungen und gewerbsmäßige Tierhaltungen von beispielsweise Hunden oder Katzen in ihrem Zuständigkeitsgebiet. Dies ist von Nutztierhaltung über Pferdeställe, Zoos und Tierheime bis hin zu Versuchstierhaltungen eine breite Palette an unterschiedlichen Spezies und Haltungsarten. Hinzu kommen Kontrollen in Betrieben, die Lebensmittel herstellen, und die Kontrolle bei Tierschutzproblemen aller Art vom Huhn bis zur Giraffe.

Mit all dem Wissen aus den bisherigen Kapiteln haben Sie vermutlich eine Vorstellung, wie schwer der Job im Veterinäramt ist. Hier kommt es fokussiert zum bekannten Spagat zwischen dem Dienst für den Menschen und dem Dienst für die Tiere. Ich habe bei der Recherche für dieses Buch nicht nur mit einigen Amtstierärztinnen gesprochen, sondern im Rahmen meines Studiums auch im Veterinäramt der Stadt Daun in der Eifel mitgearbeitet. Fast immer traf ich Kolleginnen, denen der Spagat sehr zu schaffen machte. Denn diese Menschen setzen sich für das Tierwohl ein, rennen dabei aber immer wieder gegen organisatorische Mauern an. Besonders im Kopf geblieben sind mir einige Zahlen, die mir eine Amtstierärztin aus einem ländlichen Bereich gab. Diese betrafen die Stallkontrollen.

In § 16 des Tierschutzgesetzes ist festgehalten, wie oft die eingangs genannten Einrichtungen von Amtstierärztinnen kontrolliert werden müssen, und zwar sollen sie »regelmäßig und in angemessenem Umfang kontrolliert« werden. Wie ein Betrieb kontrolliert wird, kann daher sehr unterschiedlich ausfallen. Bleiben wir mal bei Betrieben, die Rinder oder Schweine halten. Fallen bei der Kontrolle keine nennenswerten Mängel auf, dauern die Kontrolle und die Nachbereitung natürlich nicht so lange wie bei einem katastrophal geführten Betrieb. Dennoch wird kontrolliert, dokumentiert, es werden Empfehlungen ausgesprochen und Maßnahmen nachverfolgt. Das dauert und bedingt, wie häufig jeder einzelne Stall kontrolliert werden kann.

Die Amtstierärztin aus dem ländlichen Gebiet rechnete mir nun vor, wie lange sie brauchen würde, um alle Rinder- und Schweineställe in ihrem Einzugsbereich einmal zu kontrollieren. Vorausgesetzt alle Betriebe wären komplett frei von Mängeln, bräuchte sie acht bis fünfzehn Jahre.

Das bedeutet, jeder Betrieb würde in dieser Zeitspanne einmal kontrolliert. In der Realität dauert es natürlich viel länger.

Jede Schweine- oder Rinderhaltung wird also im Schnitt frühestens einmal alle zehn Jahre kontrolliert. Das ist eine sehr lange Zeit und entspricht Generationen von Schweinen und Rindern, deren Haltung niemals geprüft wird.

Die Rechnung der Kollegin ist leider äußerst plausibel. Amtstierärztinnen arbeiten in sogenannten Unteren Veterinärbehörden, und davon gibt es in Deutschland 431. Es lässt sich nicht genau sagen, wie viele Tierärztinnen in Unteren Veterinärbehörden für den Tierschutz zuständig sind. Pro Veterinäramt sind es im besten Fall zwei.

Zwei Personen müssen alle Aufgaben in diesem Bereich erfüllen, da wundert es einen kaum, wenn Schweineställe höchstens einmal im Jahrzehnt kontrolliert werden.

Da sich die politischen Bedingungen für Amtstierärztinnen mit der Geschwindigkeit eines Dreifinger-Faultiers ändern und nicht abzusehen ist, dass in naher Zukunft mehr Tierärztinnen im Tierschutz arbeiten dürfen, versucht man sich anderweitig zu helfen und die Effizienz zu steigern. Denn jeder Tierschutzverstoß wird dokumentiert, und dann gibt es eine Handvoll möglicher Maßnahmen, um den Tieren zu helfen. Von einer mündlichen Belehrung über schriftliche Anhörungen bis hin zu einer Strafanzeige. Damit es zu einer Verhandlung und vielleicht sogar einer Verurteilung durch ein Gericht kommt, ist der genaue Wortlaut in der Strafanzeige entscheidend. Rechtlich einwandfreie Texte zu formulieren erfordert Expertise. Wenn beispielsweise ein Tiertransport über Ländergrenzen hinweg verboten werden soll, muss die Tierärztin nicht nur das deutsche Recht, sondern auch das europäische Recht im Blick haben und die richtigen Paragrafen mit den richtigen Begründungen heranziehen. Deshalb gibt es die Expert:innen der Deutschen Juristischen Gesellschaft für Tierschutzrecht e. V. Dieser Verein erstellt beispielsweise juristisch einwandfreie Anzeigen in Tierschutzfällen. Mit den darin enthaltenen Formulierungen und Argumentationsketten können die Amtstierärztinnen weiterarbeiten. Ich hebe diese spezielle Synergie so hervor, weil Tierschutz viel häufiger, als man denkt, an reinen Formalitäten scheitert. Selbst wenn allen Beteiligten klar ist, dass es ein Tierschutzproblem gibt, muss exakt und unanfechtbar argumentiert werden, damit sich etwas ändert.

Perspektivenwechsel fördert Empathie

Die Zusammenarbeit zwischen Jurist:innen und Tierärzt:innen ist nur ein Teil eines immer größer werdenden Netzwerks zwischen im Tierschutz engagierten Menschen. Schauen wir noch einmal auf das Netzwerk Fokus Tierwohl. Diesmal die Rinderabteilung. Hier gibt es das Projekt Kuhbrille.

Die Kuhbrille ist eine VR-Brille, die es einem ermöglicht, wie eine Kuh zu sehen. Die Zielgruppe sind alle Menschen, die mit Rindern arbeiten, vom Landwirt bis zum Schlachthofmitarbeiter. Wenn Sie sich ein Rind vorstellen, fällt Ihnen sicher auf, dass die Augen seitlich am Kopf liegen. Nicht vorne, wie bei uns Menschen. Rinder haben ein Sichtfeld von 330 Grad, da fehlt nicht mehr viel bis zur Rundumsicht. Sie erkennen aber nur die 30 Grad genau vor sich scharf. Das bedeutet, Rinder sehen aus dem Augenwinkel jede Bewegung unscharf und müssen sich dann erst drehen, um zu erkennen, was sich da bewegt hat. Und selbst dann sehen sie nur mit einem Drittel unserer menschlichen Sehschärfe. Das allein erklärt schon, dass Rinder schreckhaft reagieren, wenn man sich ihnen unerwartet von der Seite nähert. Es geht aber noch weiter.

Die Kuhbrille simuliert auch die Anpassungsgeschwindigkeit der Kuhaugen. Während wir Menschen mit 15 bis 16 Bildern pro Sekunde sehen, sind es bei Rindern 50 bis 60 Bilder. In genau dieser Frequenz leuchten viele moderne Lampen, etwa LED-Beleuchtung an einem 50-Hertz-Wechselstrom. Während für uns LEDs durchgehend hell sind, flackern sie in der Wahrnehmung von Rindern. Extrem irritierend.

Hinzu kommt, dass Rinderaugen viel länger als menschliche Augen brauchen, um sich von hellen auf dunkle Umgebungen und umgekehrt einzustellen. Wenn also eine Kuh aus einem dunklen Hänger in einen Schlachthof mit LED-Beleuchtung kommt, sieht sie die ersten Sekunden nichts und bleibt stehen. Das führt oft dazu, dass die Treiber des Schlachthofes unter Zeitdruck seitlich an die Kuh herantreten und sie zum Weitergehen drängen wollen. So multipliziert sich der Stress für das Tier: Wenn die Kuh nach einigen Sekunden etwas sieht, flackert die Umgebung und seitlich erscheint ein Schemen, der sie im schlimmsten Fall mit einem Elektrotreiber drangsaliert.

Wer schon einmal eine VR-Brille genutzt hat, weiß, wie eindrücklich die Erfahrung ist. Als ich das erste Mal *Half-Life: Alyx* gespielt habe, musste ich nach 20 Minuten erst einmal pausieren, um auf mein Leben klarzukommen. Die Kuhbrille hat den gleichen eindrücklichen Effekt und führt zu einem besseren Verständnis für die Verhaltensweisen von Rindern.

Surprise Twist: Erfunden wurde die Kuhbrille von Benito Weise und Peter Menzel, einem Agraringenieur am Landwirtschaftlichen Bildungszentrum Echem, das zur Landwirtschaftskammer Niedersachsen gehört, und einem Softwareentwickler. Wieder eine Industrieinitiative, die sich für Tierschutz einsetzt, ohne an der Massentierhaltung zu rütteln? Ja, schon. Die Kuhbrille ist ein Werkzeug für Aufklärung, ähnlich wie der Aktionsplan Kupierverzicht. Keines der beiden Projekte ändert etwas daran, wie viele Tiere geschlachtet werden. Dennoch finde ich die Kuhbrille zielführender als den Aktionsplan Kupierverzicht. Das liegt einerseits daran, dass die Kuhbrille sich der Tierindustrie nicht ganz so unterwürfig anbiedert, aber hauptsächlich daran, dass solche moderne Forschung die Perspektive verändert.

Die Kuhbrille zeigt, wie wichtig tiermedizinische Wahrnehmungsforschung ist. Erst durch ein eingehendes Verständnis der Wahrnehmung von Rindern war die Kuhbrille umsetzbar. Anatomie, Physiologie, Verhaltenskunde und Tierschutz greifen hier ineinander: Je mehr wir über die Wahrnehmung von Tieren wissen, desto besser können wir in ihrem Sinne argumentieren.

Wie wichtig Verständnis ist, zeigt die Diskussion um die Anbindehaltung von Rindern. Diese werden überwiegend ganzjährig auf dem gleichen Stallplatz fixiert, entweder durch eine Kette oder durch einen Metallstand, also einen Metallbügel, in dem der Kopf des Rindes dauerhaft fixiert ist. So verbringen die Kühe ihre gesamte Zeit. Ohne jegliche Bewegung wird gefressen, geschlafen und gekotet. Noch einmal deutlich: Diese Kühe verbringen so ihr gesamtes Leben. Da ist es auch wenig tröstlich, dass Milchkühe ihre normale Lebenserwartung von gut 20 Jahren ohnehin nicht erreichen und meist nur fünf bis sechs Jahre alt werden. Die soziale Interaktion mit Artgenossen ist in der Anbindehaltung massiv eingeschränkt, kein Erkunden, kein Spiel, nicht mal artgerechtes Schlafen ist möglich. Dabei sind Rinder äußerst agile und vor allem gesellige und neugierige Tiere.

Ein Blick in die Verhaltensforschung zeigt uns sehr deutlich, dass nichts an einer Abschaffung der Anbindehaltung vorbeiführt.

Doch Rinder sind sogenannte stumme Leider.

Meine Kollegin und Fachtierärztin für Tierschutz Dr. Mariana Peer startete eine Umfrage auf Instagram und zeigte dafür einen angebundenen Affen, einen angebundenen Hund und ein angebundenes Rind. Sie fragte ihre Follower:innen, wen diese zuerst losbinden würden. Die Reihenfolge war Affe (67 Prozent), Hund (14 Prozent) und an letzter Stelle das Rind (5 Prozent). Wenig verwunderlich, weil Rinder ihre Emotionen nicht durch für uns Menschen leicht verständliche Mimik zeigen. Affen hingegen drücken sich sehr ähnlich aus wie wir (wir sind ja direkt verwandt), Hunde können die meisten Menschen aus Gewohnheit lesen, bei Rindern schauen wir aber in vermeintlich ausdruckslose Gesichter.

Oder haben Sie eine Idee, wie ein Rind aussieht, das an Einsamkeit, Langeweile oder Schmerzen leidet?

Vermutlich nicht, mir fällt es auch schwer, Rinder »zu lesen«. Diese emotionale Distanz fördert eine Gleichgültigkeit gegenüber ihren Bedürfnissen, das hat das kleine Experiment der Kollegin Peer gezeigt. Nur indem wir die Ausdrucksweisen von Rindern und ihrer Bedürfnisse besser verstehen, überbrücken wir diese Distanz. Deshalb kann die Kuhbrille dafür sorgen, dass auch Menschen, die gar keinen Bezug zu Rindern haben (politische Entscheider:innen etwa), direkt in die Lage eines Rindes versetzt werden. Die Hoffnung ist, dass ein größeres Verständnis zu mehr emotionaler Nähe führt – und damit zu einer größeren Bereitschaft, sich für Tierrechte einzusetzen.

Im Falle der Anbindehaltung erscheint es noch nicht einmal notwendig, sich per Virtual Reality in ein Rind hineinzuversetzen. Immerhin sollte doch jedem klar sein, dass es nicht in Ordnung ist, sein Leben an einen Strick gefesselt zu verbringen.

Leider ist dem nicht so. Das heißt, es wird dennoch gegen eine Abschaffung argumentiert.

Im Koalitionsvertrag der Ampelregierung war festgelegt, dass das Tierschutzgesetz verschärft werden und die Anbindehaltung abgeschafft werden sollte. Das rief erhebliche Gegenwehr auf den Plan. Der Bayerische Bauernverband gab an, dass rund die Hälfte der circa 25.000 Milchviehbetriebe in Bayern ihre Tiere in Anbindehaltung halten. Das ist in den Augen des Verbandes aber kein Argument für eine Abschaffung. Im Gegenteil spricht er sich gegen jede Fristsetzung zur Abschaffung aus. Es wird damit argumentiert, dass besonders kleine Betriebe ihre Rinder in Anbindehaltung halten würden – diese Betriebe könnten sich Umbauten nicht leisten. Der Freistaat Bayern hat Ende 2023 einen Bundesratsantrag zum Schutz der bäuerlichen Anbindehaltung eingereicht. Darin wurde argumentiert, dass eine Umstellung auf andere Haltungsformen ein nicht zu tragender Strukturwandel wäre. In einem Artikel des Bayerischen Landwirtschaftlichen Wochenblattes heißt es: »Die Weiterentwicklung der Tierhaltung muss daher nach Überzeugung der Staatsregierung die regional und historisch gewachsenen Gegebenheiten und familiären Strukturen unbedingt berücksichtigen. Die Auswirkungen auf die Ortskerne der Dörfer, das Landschaftsbild, die Kulturlandschaft und den ganzen ländlichen Raum wären dramatisch, warnt die Staatsregierung.«[8]

Der Bayerische Bauernverband ergänzt: »Zudem leisten auch diese Familien, die die kleinen Anbindebetriebe bewirtschaften, einen wichtigen Beitrag zur Sicherung lebendiger Dörfer und Gemeinden und der sozialen Strukturen vor Ort. Dies reicht vom Engagement in den örtlichen Vereinen bis zum ländlichen Straßen- und Wegebau. Viele der auch für die Naherholung gern genutzten Feld- und Waldwege sind so entstanden und werden in Stand gehalten.«[9]

Die Argumentation wirkt lächerlich weit hergeholt, wenn Feld- und Waldwege auf einmal Anbindehaltung rechtfertigen sollen. Tierschutz spielt nicht einmal am Rande eine Rolle, sondern nur der Erhalt veralteter und völlig überholter Strukturen. Und genau deshalb ist mehr Verständnis für die Bedürfnisse von Nutztieren so wichtig.

Bereits im Jahr 2021 trieb es der Landkreis Garmisch-Partenkirchen auf die Spitze. Die Anbindehaltung wurde in einem Antrag auf ein UNESCO-Weltkulturerbe-Siegel als ein schützenswertes Kulturgut angegeben. Glücklicherweise war der Widerstand gegen dieses Loophole so groß, dass die Anbindehaltung aus dem Antrag gestrichen wurde.

Ein Teil der starken Stimmen gegen den Antrag kam aus der Tierärzteschaft. Der Verein Tierärzte für verantwortbare Landwirtschaft beispielsweise setzt sich für einen Fokus auf das Tierwohl ein und kritisiert die Mittäterschaft unseres Berufsstandes an der Massentierhaltung. In einem Positionspapier heißt es:

> *»Es hat sich gezeigt, dass tierärztliche Arbeit an den systembedingten tierschutzrelevanten Symptomen und Begleiterscheinungen der industriemäßigen Tierhaltung nichts an der Grundproblematik verbessern konnte. Vielmehr wirkt fachlich gute Arbeit letztlich als Stütze des kranken Systems – ein Dilemma.«* [10]

Der Nachwuchs regelt

Ich habe am Anfang des Milleniums studiert, genauer gesagt von 2008 bis 2014. Das ist relevant, weil es in genau diesem Zeitraum einen Wandel gab.

Lange Zeit waren Studierende der Tiermedizin männlich und im landwirtschaftlichen Kontext aufgewachsen. Mit »lange Zeit« meine ich von Anfang der Tiermedizin bis Ende der 1990er-Jahre.

Wir hatten also wirklich sehr lange konservative Studierende mit einem klaren Fokus auf die sogenannten Nutztiere. Mit der Jahrtausendwende veränderte sich diese Statistik drastisch. Die Studierenden waren nun fast ausschließlich weiblich (in meinem Semester kamen auf 210 Studierende lediglich 15 Männer), sie kamen aus Städten ohne Bezug zur Landwirtschaft, und ihr Fokus lag auf der tiermedizinischen Behandlung von Hunden, Katzen und vielleicht noch Pferden. Dieser Wandel des Geschlechterverhältnisses ist übrigens der Grund, weshalb ich in diesem Buch fast immer von Tierärztinnen gesprochen habe. Für uns wenige männliche Berufsvertreter lohnt sich das generische Maskulinum nicht.

Der Generationenwechsel fand praktisch über Nacht statt und brachte weitreichende Konsequenzen mit sich. Während es vorher ein solides Interesse gab, im Bereich der »Nutztiere« und der Lebensmittelkontrolle zu arbeiten, standen auf einmal klar die Kleintiermedizin und ihre angrenzenden Bereiche im Fokus. Kursgrößen änderten sich, niemand ging mehr in die Schweinevorlesung freitagnachmittags, dafür war das Interesse an der Mitarbeit in der Kleintierklinik der Universität größer als die Kapazitäten derselben.

Arbeitszeiten wurden plötzlich kritisch hinterfragt, der Umgangston mancher Professoren kritisiert, und dann beschwerten sich immer mehr Studierende, dass sie im Wurstkurs nicht die Wurst essen wollten, wir erinnern uns.

Wer nicht hautnah mit der Massentierhaltung aufgewachsen ist, hinterfragt mehr. Während ich mich noch zur Ferkelkastration alter Schule hinreißen ließ, grenzen sich die aktuellen Studentinnen deutlich ab. Ihre Definition von Tierwohl ist stabiler, und sie nehmen nicht einfach an, was ihnen gesagt wird. In Gießen halte ich regelmäßig Vorlesungen zur mentalen Gesundheit für junge Studierende der Tiermedizin und ich bin immer wieder erfreut, wie kritisch, klug und streitlustig die nächste Generation Tierärztinnen ist.

Die modernen Strömungen in der Tiermedizin spiegeln den gesellschaftlichen Wandel. Wir haben die Zahlen zu Ernährungsweisen besprochen, und mich stimmt das alles sehr positiv. Mitgefühl gegenüber Tieren ist ein Gütesiegel für eine Gesellschaft und gerade ändert sich so viel wie noch nie zuvor.

Dazu passt, dass sich auch an den Hochschulen Widerstand regt. Vielen reicht es nicht mehr, den Status quo zu verwalten. Prof. Dr. Stephanie Krämer leitet den Fachbereich Tierschutz an der Justus-Liebig-Universität Gießen und macht sich regelmäßig unbeliebt bei Kolleg:innen aus anderen Fachbereichen, indem sie bei Tierschutzmissständen den Fokus von der Wirtschaftlichkeit auf den Tierschutz verschiebt.

Dies ist zwar die erste Erwähnung einer Tierschutzfakultät als Teil einer tiermedizinischen Hochschule in diesem Buch, aber es gibt so etwas nicht nur in Gießen. Dennoch erfahren alle Tierschutzabteilungen viel weniger finanzielle Zuwendung als andere Fachbereiche. Der schwere Kreuzer staatliche Universitäten verändert sich nur langsam zu mehr Tierschutz. Gerade deshalb bin ich so streng mit der TiHo, denn als Stiftungshochschule hätte sie das Potenzial, agile Änderungen einzuführen.

Immerhin tut sich an den staatlichen Hochschulen etwas. Seit 2017 gibt es in Gießen beispielsweise das interdisziplinäre Zentrum für Tierschutz und 3R, eine Kooperation zwischen der Veterinär- und der Humanmedizin. Die drei R beziehen sich auf die drei Pfeiler der Versuchstierkunde Replace, Reduce und Refine. Versuchstierkunde ist ein großer Bereich der Tierschutzbemühungen, den ich in diesem Buch ausgespart habe, und alle drei Rs führen zu weniger Tieren in Tierversuchen. Von den Fördergeldern, mit denen ein solches Institut ausgestattet ist, profitieren aber nicht nur Labortiere, sondern auch andere Nutztiere. Das Institut setzt sich ebenso für Schweine und Rinder ein, die in der Massentierhaltung ausgebeutet werden.

Die Tierschutzforschung, die Tierärztinnen, die sich im Tierschutz engagieren, und die Studentinnen der modernen Tiermedizin arbeiten alle für eine neue Definition von Tierwohl.

Der Berufsstand der Tiermedizin wurde aus einer Verantwortung für die Gesundheit von Menschen ins Leben gerufen. Dieser Anspruch ist gewachsen und wurde durch eine enge Verbindung zwischen Industrie und Tiermedizin in eine Verpflichtung gegenüber den wirtschaftlichen Interessen der Massentierhaltung pervertiert.

Wem wir wirklich dienen sollten, wird erst heute infrage gestellt. Tiere können sich nicht äußern. Gerade weil sie keine Stimme haben, brauchen sie eine starke Berufsgruppe mit Expertise hinter sich.

Mit wachsendem Wissen darüber, was alle Arten von Tieren fühlen, wächst auch unsere Verantwortung für den Schutz dieser Tiere. Bisher verwechseln wir unsere Verantwortung gegenüber Ökonomie noch allzu oft mit der Verantwortung, die wir für Schweine, Rinder, Hühner, Katzen, Hunde, Mäuse, Ratten, Tauben und alle anderen Tiere haben.

Es wird Zeit, das zu ändern.

GLOSSAR

Amtstierärztin: Ein Tierarzt oder eine Tierärztin, die bei einem Landratsamt oder einer kreisfreien Stadt mit den Aufgaben des öffentlichen Veterinärwesens (Tierschutz, Bekämpfung von Tierseuchen, Überwachung des Umgangs mit tierischen Nebenprodukten (TNP), Tierarzneimittelüberwachung) und der Lebensmittelüberwachung betraut worden ist

Androstenon: Stoffwechselprodukt eines Sexualhormons und verantwortlich für den »Ebergeruch«

Außenklimareiz: Bezeichnung für Zugang zu ungefilterter Außenluft in einem Tierstall

Beratungsteams Tierwohl der Tierärztlichen Hochschule Hannover: Beratung zu HACCP-Konzepten in Geflügelbetrieben durch spezialisierte Tierärztinnen und Tierwohlberater:innen

Betonspaltenboden: Besteht abwechselnd aus den Balken, der Auftrittsfläche für die Tiere, und schmalen Spalten, diese sind ein Durchlass für Kot und Harn

Caudophagie: Kannibalistisches gegenseitiges Benagen der Schwänze bei Schweinen (auch »Schwanzbeißen« genannt)

Domestizierung: Veränderungsprozess von Wildtieren zu Haus- oder Nutztieren durch aktives Eingreifen des Menschen

Fleischbeschau: Amtliche Untersuchung des zur menschlichen Ernährung bestimmten Fleisches

Fleischbeschaugesetz: Rechtlicher Rahmen für die Fleischbeschau

HACCP: »Hazard Analysis and Critical Control Points« (Gefahrenanalyse und kritische Kontrollpunkte), systematischer Ansatz zur Gewährleistung der Lebensmittelsicherheit

Keulen: Systematisches Töten von Tieren, um die Ausbreitung von Tierseuchen zu bekämpfen

Kognitive Dissonanz: Negativer Gefühlszustand, welcher auftritt, wenn verschiedene Kognitionen – also Gedanken, Wertvorstellungen, Wahrnehmungen oder Gefühle – nicht mit der Realität übereinstimmen

Laktation: Prozess der Milchproduktion, welcher typischerweise bei trächtigen und Muttertieren auftritt

Myostatin: Protein, das die Muskelzunahme reguliert

Netzwerk Fokus Tierwohl: Verbundprojekt mit dem selbsterklärten Ziel, den Wissenstransfer in die Praxis zu verbessern, um schweine-, geflügel- und rinderhaltende Betriebe in Deutschland zukunftsfähig zu machen hinsichtlich einer tierwohlgerechten, umweltschonenden und nachhaltigen Nutztierhaltung

Pasteurisieren: Kurzzeitige Erhitzung bestimmter Lebensmittel auf 60°-90° C zur Abtötung von Mikroorganismen

PHW-Gruppe: Das größte Unternehmen der Geflügelwirtschaft in Deutschland und das viertgrößte in Europa

Public Health: Interdisziplinäre Wissenschaft und Praxis der Prävention von Krankheiten und Förderung der körperlichen und psychischen Gesundheit der Allgemeinheit

Robert Koch-Institut: Zentrale Einrichtung der Bundesregierung auf dem Gebiet der Krankheitsüberwachung und -prävention

Speziesismus: Anschauung, nach der der Mensch allen anderen Arten überlegen und daher berechtigt sei, deren Vertreter nach seinem Gutdünken zu behandeln

SPF-Herden: Specific-pathogen-free-Herden, also Herden, die frei von bestimmten Krankheitserregern sind

Tierwohl: Bezeichnung für die Gesundheit und das Wohlbefinden von Tieren

Trichinellose: Fadenwurmerkrankung, die durch den Verzehr von rohem Fleisch übertragen wird

Tuberkulose: Durch verschiedene Mykobakterien ausgelöste Erkrankung, beim Menschen meist der Lunge

Urform: Tierart vor Domestizierung durch den Menschen

Verhaltensstörungen: Im Hinblick auf Modalität, Intensität oder Frequenz erhebliche und andauernde Abweichung vom Normalverhalten eines Tieres

Verwertungseffizienz: Anteil der Nahrung, die vom Körper in Gewebe verwendet wird

Veterinäramt: Öffentliche Einrichtung, die sich mit sämtlichen Belangen der kommunalen Tierhaltung, dem Schlachtbetrieb und dem Tierschutz im weitesten Sinne befasst

Zoonose: Infektionskrankheiten, die gleichermaßen bei Tieren und Menschen vorkommen und sowohl vom Tier auf den Menschen als auch vom Menschen auf Tiere übertragen werden können

ENDNOTEN

Speziesismus neu betrachtet

1. R. Ryder: Experiments on Animals, in: S. Godlovitch & R./J. Harris (Hrsg.): Animals, Men and Morals, New York: Taplinger 1972.

2. P. Singer: Animal Liberation. Die Befreiung der Tiere, Erlangen: Harald Fischer Verlag 2015.

3. Vgl. L. Janssens, L. Giemsch, R. Schmitz, M. Street, S. Van Dongen, P. Crombé: A new look at an old dog: Bonn-Oberkassel reconsidered, in: Journal of Archaeological Science, 92, 2018, S. 126-138.

4. Vgl. J. A. Serpell: Commensalism or cross-species adoption? A critical review of theories of wolf domestication, in: Frontiers in Veterinary Science, 8, 2021, 662370.

5. K. Lorenz: So kam der Mensch auf den Hund, München: dtv 1998.

6. Vgl. R. Coppinger, L. Coppinger: Dogs: A startling new understanding of canine origin, behavior & evolution. New York: Simon and Schuster 2001.

7. Vgl. S. M. Nilson, B. Gandolfi, R. A. Grahn, J. D. Kurushima, M. J. Lipinski, E. Randi, L. A. Lyons: Genetics of randomly bred cats support the cradle of cat domestication being in the Near East, in: Heredity, 129(6), 2022, S. 346-355.

8. Vgl. K. Zhang, J. A. Lenstra, S. Zhang, W. Liu, J. Liu: Evolution and domestication of the Bovini species, in: Animal Genetics, 51(5), 2020, S. 637-657.

9. Vgl. P. Ajmone-Marsan, J. F. Garcia, J. A. Lenstra: On the origin of cattle: how aurochs became cattle and colonized the world, in: Evolutionary Anthropology: Issues, News, and Reviews, 19(4), 2010, S. 148-157.

10. F. L. Houghton: Holstein-Friesian cattle: A history of the breed and its development in America: Press of the Holstein-Friesian Register 1897.

11. Vgl. D. Zohary, E. Tchernov, L. K. Horwitz: The role of unconscious selection in the domestication of sheep and goats, in: Journal of Zoology, 245(2), 1998, S. 129-135.

12. Vgl. H. H. Sambraus, A. Steiger: Das Buch vom Tierschutz, Stuttgart: Enke 1997.

13. Vgl. VO (EG) Nr. 854/2004; Anh. I, Abschn. II, Kap. V, Nr. 1 p.

14. Vgl. C. Nimz: Pathologisch-anatomische und immunhistologische Untersuchungen des ischämischen Schweinemyokards (Doctoral dissertation: Ludwig-Maximilians-Universität München 2004).

15. Vgl. B. K. Eusemann, U. Baulain, L. Schrader, C. Thöne-Reineke, A. Patt, S. Petow: Radiographic examination of keel bone damage in living laying hens of different strains kept in two housing systems, in: PLoS One, 13(5), 2018, e0194974.

Warum gibt es Massentierhaltung?

1. Vgl. Das Deutsche Tuberkulose-Archiv Heidelberg: http://www.tb-archiv.de, abgerufen am 06.03.2024.

2. Vgl. Robert Koch Institut: RKI-Ratgeber Trichinellose, Stand: 03.04.2013, https://www.rki.de/DE/Content/Infekt/EpidBull/Merkblaetter/Ratgeber_Trichinellose.html, abgerufen am 10.05.2024.

3. H. Möbius (2002): Epidemiologisch-biometrische Bewertung von Ergebnissen der Fleischuntersuchung in Deutschland (unter besonderer Berücksichtigung der Rinder-, Kälber-und Schweineschlachtung). https://refubium.fu-berlin.de/bitstream/handle/fub188/10089/06_litfhr.pdf?sequence=7&isAllowed=y, abgerufen am 11.03.2024.

4. Vgl. T. Barrett, P. B. Rossiter: Rinderpest: the disease and its impact on humans and animals, in: Advances in virus research, 53, 1999, S. 89-110.

5. Landwirtschaftskammer Niedersachsen, Stiftung Tierärztliche Hochschule Hannover - Institut für Tierhygiene, Tierschutz und Nutztierethologie.

6. Vgl. Bundesministerium für Ernährung und Landwirtschaft (Hrsg.): Kritische Kontrollpunkte in der Junghennenaufzucht. Ein Maßnahmenkatalog für die Praxis, 2021, https://www.mud-tierschutz.de/fileadmin/SITE_MASTER/content/Dokumente/Downloads/Layer_HACCP/Kritische_Kontrollpunkte_JH_Massnahmenkatalog_Praxis_LayerHACCP.pdf, abgerufen am 12.03.2024.

7. Vgl. Statistisches Bundesamt: Tierhaltung: Dominierende Haltungsformen gewinnen weiter an Bedeutung, Pressemitteilung Nr. N 051 vom 04.08.2021, https://www.destatis.de/DE/Presse/Pressemitteilungen/2021/08/PD21_N051_41.html, abgerufen am 14.03.2024.

Im Dienst des Menschen vs. im Dienst des Tieres

1. Vgl. Kosten für die Unis: Teure Medizinstudenten, billige Juristen, in: Spiegel-Online vom 25.02.2016, https://www.spiegel.de/lebenundlernen/uni/statistik-so-viel-kosten-studenten-ihre-unis-pro-jahr-a-1078683.html, abgerufen am 14.03.2024.

2. Vgl. Bundestierärzte e.V.: Statistik 2022: Tierärzteschaft in der Bundesrepublik Deutschland, https://www.bundestieraerztekammer.de/btk/statistik/, abgerufen am 14.03.2024.

3. Vgl. G. Schulte: Veterinärmedizin: Tierärztliche Hochschule in Uni-Vergleich weltweit auf Platz zwei, HAZ-Online vom 28.06.2019, https://www.haz.de/lokales/hannover/tieraerztliche-hochschule-in-uni-vergleich-weltweit-auf-platz-zwei-H7YDCKDGBHL4WAVQ4RM4KVPSQE.html, abgerufen am 18.03.2024.

4. Vgl. Stiftung Tierärztliche Hochschule Hannover: Jahresabschluss zum 31. Dezember 2020 und Lagebericht für das Geschäftsjahr 2020, https://www.tiho-hannover.de/fileadmin/01_Verwaltung/Pressestelle/Veroeffentlichungen/Jahresabschluss_2020.pdf, abgerufen am 18.03.2024.

5. Vgl. J. Lange: Qualen auf dem Hühnerhof, Süddeutsche Zeitung vom 02.09.2011, https://www.sueddeutsche.de/wirtschaft/vorwuerfe-gegen-gefluegelproduzenten-wiesenhof-wie-ein-haehnchenkonzern-um-seinen-guten-ruf-kaempft-1.1137962, abgerufen am 01.08.2024.

6. A. Exler: Dienstfahrt mit Paul-Heinz Wesjohann: Geflügelzucht ist eine große soziale Tat, Welt-Online vom 22.03.2009, https://www.welt.de/wams_print/article3420307/Geflügelzucht-ist-eine-grosse-soziale-Tat.html, abgerufen am 18.03.2024.

7. Bundeszentrum für Ernährung: Vegetarisch essen in der Schwangerschaft, 2021, https://www.bzfe.de/service/news/aktuelle-meldungen/news-archiv/meldungen-2021/november/vegetarisch-essen-in-der-schwangerschaft/, abgerufen am 08.05.2024.

8. Vgl. Niedersächsiche Geflügelwirtschaft, Über uns: Aufgaben und Ziele, https://www.ngw-landesverband.de/de/pages/show/ueberuns, abgerufen am 24.06.2024

9. Vgl. J. Lüning, D. Wunderl, S. Rautenschlein, A. Campe: Histomonosis in German turkey flocks: Possible ways of pathogen introduction, in: Avian Pathology, 52(3), 2023, S. 199-208, https://www.tandfonline.com/doi/abs/10.1080/03079457.2023.2191833, abgerufen am 10.05.2024.

10. Vgl. E. Günther: Studies on Campylobacter hepaticus and possible co-factors contributing to the emerge of Spotty Liver Disease in layer-type chickens (Doctoral dissertation , Stiftung Tierärztliche Hochschule Hannover, 2023).

11. T. Reymann: Vergleichende Überprüfung des Tierschutzes in Schlachthöfen anhand rechtlicher Vorgaben und fachlicher Leitparameter (Doctoral dissertation, Ludwig-Maximilians-Universität München, 2016), https://edoc.ub.uni-muenchen.de/19189/1/Reymann_Tanya.pdf, abgerufen am 23.05.2024.

12. A. Reichert-Sinn, A. Stolle: Schlachthof- und Hygienepraktikum nach §§ 52/53 der TAppO: Untersuchung der Praktikabilität und Didaktik am Beispiel München, in: Archiv für Lebensmittelhygiene, 57(2), 2006, 43-49, https://ul.qucosa.de/api/qucosa%3A15079/attachment/ATT-0/, abgerufen am 10.05.2024.

13. Vgl. "Aktion Tierwohl - wir sind dabei", in: Landwirtschaftliches Wochenblatt 10/2011, https://web.archive.org/web/20120617000842/http://www.aktion-tierwohl.de/fileadmin/Bilder/Allgemeines-AktionTierwohl/Pressespiegel/LWB_01.pdf, abgerufen am 10.05.2024.

14. A. Lieberum: Berufsperspektive amtliche Schlachttier- und Fleischuntersuchung: Ergebnisse einer Onlineumfrage unter Veterinärmedizinstudierenden, in: Bundestierärztekammer, 11/2023, S. 1418-1423, https://www.bundestieraerztekammer.de/btk/dtbl/archiv/artikel.php?we_objectID=2948, abgerufen am 10.05.2024.

15. Vgl. Wie die lila Milka-Kuh Adelheid zur Werbe-Ikone wurde, Der Westen Online vom 22.07.2012, https://www.derwesten.de/panorama/wie-die-lila-milka-kuh-adelheid-zur-werbe-ikone-wurde-id6905965.html, abgerufen am 10.05.2024.

16. Bundestierärztekammer e.V.: Der Ethik-Kodex der Tierärztinnen und Tierärzte Deutschlands, https://www.bundestieraerztekammer.de/btk/ethik/, abgerufen am 20.03.2024.

Wege aus dem Filz

1. Vgl. G. Mensink, C. L. Barbosa, A. K. Brettschneider (2016): Verbreitung der vegetarischen Ernährungsweise in Deutschland , in: Journal of Health Monitoring · 2016 1(2) DOI 10.17886/RKI-GBE-2016-033 Robert Koch-Institut, Berlin.

2. Vgl. Bundesministerium für Ernährung und Landwirtschaft (BMEL) (2021): Deutschland, wie es isst – der BMEL-Ernährungsreport 2021, Bundesministerium für Ernährung und Landwirtschaft: Berlin.

3. Vgl. Bundesministerium für Ernährung und Landwirtschaft (BMEL) (2023). Deutschland, wie es isst – der BMEL-Ernährungsreport 2023, Bundesministerium für Ernährung und Landwirtschaft: Berlin.

4. Bundesanstalt für Landwirtschaft und Ernährung: Netzwerk Fokus Tierwohl geht in die zweite Phase, https://www.ble.de/SharedDocs/Meldungen/DE/2023/231208_Fokus-Tierwohl.html, abgerufen am 25.06.2024

5. Vgl. G. Van Putten (1978): Comfort behaviour in pigs: Informative for their well-being, in: The Ethology and Ethics of Farm Animal Production: Proceedings of the 28th Annual Meeting, Birkhäuser Basel, S. 70-76.

6. Vgl. J. V. Vargas, J. V. Craig, R. H. Hines (1987): Effects of feeding systems on social and feeding behavior and performance of finishing pigs, in: Journal of Animal Science, 65(2), S. 463-474.

7. Ringelschwanz.info: Aktionsplan Kupierverzicht, https://www.ringelschwanz.info/weitere-infomationen/aktionsplan-kupierverzicht.html, abgerufen am 25.06.2024

8. Josef Koch: Der Freistaat startet eine Bundesratsinitiative. Die Zustimmung im Bund ist aber unsicher, In: Bayerisches Landwirtschaftliches Wochenblatt vom 05.12.2023, https://www.wochenblatt-dlv.de/politik/anbindehaltung-stall-bayern-will-verbot-verhindern-574984, abgerufen am 25.06.2024
9. Bayerischer Bauernverband; Anbindehaltung beim Milchvieh, https://www.bayerischerbauernverband.de/anbindehaltung, abgerufen am 25.06.2024
10. Tierärzte für verantwortbare Landwirtschaft: Positionspapier, http://www.tfvl.de/positionspapier/, abgerufen am 10. Mai 2024.

ÜBER DEN AUTOR

Dr. Karim Montasser, online bekannt als **@DerTierarzt,** studierte Veterinärmedizin. In seiner Praxis stellte er fest: Die Menschen haben viele Fragen! Daher klärt er seit 2018 auf seinem YouTube-Kanal *Der Tierarzt* über die komplexe Themenvielfalt seines Fachs auf. Zudem moderiert er die ARD-Sendung *Haustierprofis* und wurde mit dem Fast Forward Science Award ausgezeichnet. Karim ist der Mitbewohner einer Katze in der Nähe von Bonn.